Jesus-Christus, d

CW01460738

Jesus-Christus, der Flüchtling!

Marien-Edgard Ngbali BEMI

Published by MarBe, 2024.

While every precaution has been taken in the preparation of this book, the publisher assumes no responsibility for errors or omissions, or for damages resulting from the use of the information contained herein.

JESUS-CHRISTUS, DER FLÜCHTLING!

First edition. October 5, 2024.

Copyright © 2024 Marien-Edgard Ngbali BEMI.

ISBN: 979-8227768247

Written by Marien-Edgard Ngbali BEMI.

Also by Marien-Edgard Ngbali BEMI

Échos de l'Est de la République Démocratique du Congo : Poèmes
d'une Terre en Guerre Perpétuelle.

Ecos do Leste da República Democrática do Congo: Poemas de uma
Terra de Guerra Perpétua.

Echi dall'est della Repubblica Democratica del Congo: poesie da una
terra di guerra perpetua.

Demokratik Kongo Cumhuriyeti'nin Doğusundan Yankılar: Sürekli
Savaş Ülkesinden Şiirler.

Jesus-Christ, the Refugee!

Jésus-Christ, le réfugié!

Gesù-Cristo, il rifugiato!

¡Jesucristo, el Refugiado!

Jesus Cristo, o Refugiado!

İsa-Mesih, Mülteci!

Jesus-Christus, der Flüchtling!

Inhaltsverzeichnis

Widmung

Allen Flüchtlingen, früher und heute, die auf der Suche nach Zuflucht, Frieden und Würde durch die Ungewissheit gehen.

DIESES BUCH IST FÜR diejenigen, die wie Jesus Christus Vertreibung, Ablehnung und Exil erlebt haben und dennoch das Licht der Hoffnung in sich tragen.

MÖGE IHRE WIDERSTANDSKRAFT eine Welt inspirieren, die die Schwächsten unter uns annimmt und aufrichtet.

Epigraphik

„Flüchtlinge sind keine Terroristen. Sie sind oft die ersten Opfer des Terrorismus."

António Manuel de Oliveira Guterres

„Wir haben eine rechtliche und moralische Verpflichtung, Menschen zu schützen, die vor Bomben, Kugeln und Tyrannen fliehen, und im Laufe der Geschichte haben diese Menschen unsere Gesellschaft bereichert."

Juliet Stevenson

„Ungerechtigkeit irgendwo ist eine Bedrohung für die Gerechtigkeit überall."

Martin Luther King Jr.

Einführung

Jesus Christus, der Flüchtling

Die Geschichte Jesu Christi, eine Erzählung, die reich an Themen wie Liebe, Opfer, Erlösung und göttliches Eingreifen ist, bildet seit über zwei Jahrtausenden den Eckpfeiler des christlichen Glaubens. Doch unter den unzähligen Facetten seines Lebens, die immer wieder neu erforscht wurden, bleibt ein entscheidender Aspekt oft unterbelichtet: Jesus Christus als Flüchtling. Dieses Buch, Jesus Christus, der Flüchtling, versucht, diese wesentliche, aber häufig übersehene Dimension des Lebens Jesu zu ergründen und die tiefgreifenden Auswirkungen zu erforschen, die sie nicht nur für das Verständnis seines Dienstes, sondern auch für das Erfassen der umfassenderen Botschaft des christlichen Glaubens im Kontext unserer heutigen Welt hat.

Die Erzählung beginnt mit einem Moment der Krise - Josef, Maria und das Jesuskind fliehen im Schutze der Nacht nach Ägypten, getrieben von dem verzweifelten Bedürfnis, König Herodes' mörderischem Dekret zu entkommen. Dieses Ereignis, das im Matthäus-Evangelium aufgezeichnet ist, ist mehr als nur eine historische Anekdote; es ist eine ergreifende Erinnerung an die Verletzlichkeit und Menschlichkeit, die die Heilige Familie verkörperte. Auf ihrer Flucht wurden sie zu Flüchtlingen, die aus Angst vor Verfolgung aus ihrer Heimat flohen - eine Erfahrung, die die Notlage von Millionen Menschen widerspiegelt, die heute aufgrund von Krieg, Gewalt und Unterdrückung gezwungen sind, ihre Heimat zu verlassen.

Indem wir uns auf dieses Kapitel im Leben Jesu konzentrieren, werden wir eingeladen, über die umfassendere Erfahrung von Flüchtlingen nachzudenken, sowohl in der Geschichte als auch in der heutigen Welt. Die Erfahrung der Vertreibung ist nicht nur eine historische Fußnote; sie ist eine lebendige, atmende Realität, die das Leben unzähliger Menschen und Gemeinschaften auf der ganzen Welt prägt. Durch die Linse der Flüchtlingserfahrung Jesu werden wir die fortwährenden Kämpfe erforschen, mit denen Flüchtlinge konfrontiert sind, und Parallelen ziehen, die sowohl die anhaltenden Herausforderungen als auch die unverwüstliche Hoffnung, die sie aufrecht erhält, hervorheben.

Diese Erkundung ist nicht nur eine akademische oder historische Übung; sie ist zutiefst persönlich und spirituell. Die Erfahrung Jesu als Flüchtling spricht direkt zum Kern der christlichen Botschaft - einer Botschaft, die in Mitgefühl, Solidarität und sozialer Gerechtigkeit verwurzelt ist. Sie fordert uns heraus, das Antlitz Christi in den Vertriebenen und Ausgegrenzten zu sehen, und drängt uns, über die bloße Empathie hinaus zu handeln und mit der Art von Liebe zu antworten, die transformierend und gerecht ist.

Die Flucht nach Ägypten: Eine Reise der Angst und des Glaubens

Die Flucht nach Ägypten ist eine Geschichte, die von Dringlichkeit und Gefahr geprägt ist. Die Flucht der Heiligen Familie aus Bethlehem war keine geplante Wanderung, sondern eine erzwungene Flucht - eine überstürzte und gefährliche Reise, die unternommen wurde, um das Leben eines Kindes zu retten. Josef, der in einem Traum vor der Absicht des Herodes gewarnt wurde, das Jesuskind zu töten, führte seine Familie nach Ägypten, einem Land, das für das jüdische Volk jahrhundertelang sowohl ein Ort der Zuflucht als auch ein Ort der Knechtschaft gewesen war. In diesem Moment wurde die Heilige Familie zu Flüchtlingen und war auf die Barmherzigkeit

JESUS-CHRISTUS, DER FLÜCHTLING!

und Gastfreundschaft eines fremden Landes angewiesen, um zu überleben.

Dieses Ereignis bildet die Grundlage für eine tiefgreifende Reflexion über die Erfahrungen von Flüchtlingen im Laufe der Geschichte. Wie die Heilige Familie waren unzählige Einzelpersonen und Familien gezwungen, ihre Heimat zu verlassen, getrieben von Angst und dem Instinkt, ihre Angehörigen zu schützen. Die Parallelen zwischen der Flucht der Heiligen Familie und den Erfahrungen moderner Flüchtlinge sind frappierend - beide sind Geschichten von Vertreibung, Überleben und der Suche nach Sicherheit im Angesicht überwältigender Gefahren.

Während wir uns mit den Einzelheiten der Flucht nach Ägypten befassen, werden wir den historischen und kulturellen Kontext erkunden, der dieses Ereignis geprägt hat. Ägypten, das Land der alten Zivilisationen und ein Symbol für Unterdrückung und Zuflucht, bietet eine reiche Kulisse für das Verständnis der Komplexität von Migration und Exil. Für die Heilige Familie stellte Ägypten sowohl eine physische als auch eine spirituelle Reise dar - eine Reise, die das breitere biblische Thema von Exil und Rückkehr widerspiegelt, ein Thema, das tief mit der Erfahrung von Flüchtlingen übereinstimmt.

Die Rückkehr nach Nazareth: Umsiedlung und Identität

Nach dem Tod von Herodes erhielt Josef eine weitere göttliche Botschaft, die ihn anwies, mit seiner Familie nach Israel zurückzukehren. Die Rückkehr nach Nazareth markiert das Ende des Exils der Heiligen Familie, wirft aber auch wichtige Fragen zur Wiederansiedlung und Identität auf. Wie hat die Erfahrung des Exils die frühen Jahre Jesu geprägt? Welche Auswirkungen hatte diese Vertreibung auf seine Identität und sein Zugehörigkeitsgefühl?

Die Rückkehr nach Nazareth ist mehr als nur eine Rückkehr an einen physischen Ort; sie ist eine Rückkehr zu einer Gemeinschaft, einer Kultur und einer Lebensweise. Für viele Flüchtlinge ist der Weg der Neuansiedlung mit Herausforderungen verbunden, da sie sich in

3

neue Gemeinschaften integrieren und gleichzeitig ihre eigene kulturelle Identität bewahren müssen. Die Rückkehr der Heiligen Familie nach Nazareth bietet einen Einblick in die umfassendere Erfahrung der Umsiedlung und zeigt auf, wie Vertreibung die Identität eines Menschen prägen und manchmal neu definieren kann.

Bei der Erforschung der Rückkehr der Heiligen Familie nach Nazareth werden wir die psychologischen und emotionalen Dimensionen der Umsiedlung betrachten. Das Trauma der Vertreibung verschwindet nicht einfach mit der Rückkehr; es bleibt bestehen und beeinflusst die Art und Weise, wie Einzelne und Familien ihr Leben neu aufbauen. Wir werden auch die Rolle der Gemeinschaft und der Familie bei der Unterstützung des Wiederansiedlungsprozesses untersuchen und die Bedeutung von Solidarität und Mitgefühl für die Wiedergewinnung des Zugehörigkeitsgefühls der Flüchtlinge hervorheben.

Theologische Überlegungen: Gott inmitten des Exils

Die Erfahrung Jesu als Flüchtling hat tiefgreifende theologische Implikationen und fordert uns heraus, unser Verständnis von Gott und seiner Beziehung zur Menschheit zu überdenken. Was bedeutet es, dass der Sohn Gottes einst ein Flüchtling war, der vor Gewalt floh und in einem fremden Land Sicherheit suchte? Wie prägt dies unser Verständnis von Gottes Gegenwart im Leben derer, die heute auf der Flucht sind?

Das Thema Exil und Rückkehr zieht sich wie ein roter Faden durch die gesamte Bibel und symbolisiert die geistliche Reise des Volkes Gottes. Jesu eigene Erfahrung des Exils stellt ihn in diese umfassendere Erzählung und verbindet sein Leben mit den Erfahrungen unzähliger anderer, die den Weg der Vertreibung gegangen sind. Indem wir über Jesu Flüchtlingsstatus nachdenken, werden wir eingeladen, Gottes Gegenwart inmitten des Exils zu sehen - nicht als einen entfernten Beobachter, sondern als einen Mitreisenden, der die Leiden und Kämpfe der Vertriebenen teilt.

JESUS-CHRISTUS, DER FLÜCHTLING!

Diese theologische Reflexion fordert uns heraus, die Flüchtlingskrise nicht nur als soziales oder politisches Problem zu sehen, sondern als ein zutiefst spirituelles Problem. Sie ruft uns dazu auf, mit dem gleichen Mitgefühl und der gleichen Gerechtigkeit zu reagieren, die Jesus während seines gesamten Wirkens an den Tag gelegt hat, und zu erkennen, dass wir, wenn wir uns um die Vertriebenen kümmern, uns auch um Christus selbst kümmern. Dieses Verständnis hat tiefgreifende Auswirkungen auf die Mission der Kirche und auf die Art und Weise, wie Christen aufgerufen sind, sich mit der Welt um sie herum auseinanderzusetzen.

Moderne Parallelen: Flüchtlinge in der Welt von heute

Wenn wir uns mit dem Leben Jesu im Exil beschäftigen, können wir die Parallelen zu den Erfahrungen moderner Flüchtlinge nicht übersehen. Heute werden Millionen von Menschen durch Konflikte, Verfolgung und Umweltkatastrophen vertrieben und sehen sich mit denselben Ängsten und Unsicherheiten konfrontiert wie einst die Heilige Familie. Indem wir Verbindungen zwischen diesen heutigen Erfahrungen und der biblischen Erzählung herstellen, können wir ein tieferes Verständnis für die Flüchtlingskrise und die dringende Notwendigkeit von Mitgefühl und Handeln gewinnen.

Anhand der Geschichten moderner Flüchtlinge werden wir die Gemeinsamkeiten erkunden, die ihre Erfahrungen mit denen der Heiligen Familie verbinden. Diese Geschichten werden die fortwährenden Kämpfe von Flüchtlingen aufzeigen, die sich durch die Komplexität von Vertreibung, Neuansiedlung und Identität bewegen. Gleichzeitig zeigen sie aber auch die Widerstandsfähigkeit und die Hoffnung, die sie aufrecht erhalten, und sind ein eindrucksvolles Beispiel für die Fähigkeit des menschlichen Geistes, selbst die größten Herausforderungen zu meistern.

Wenn wir diese modernen Parallelen untersuchen, können wir auch über die Rolle des Glaubens im Leben von Flüchtlingen nachdenken. Für viele ist der Glaube eine Quelle der Kraft und des

Trostes angesichts der Widrigkeiten und bietet ein Gefühl der Verbundenheit und Kontinuität inmitten der Störungen des Exils. In diesem Zusammenhang bekommt die Erfahrung Jesu als Flüchtling eine neue Bedeutung und dient als Modell für Glauben und Widerstandskraft für diejenigen, die heute vertrieben sind.

Ein Aufruf zum Handeln: Mitgefühl und Gerechtigkeit in der Praxis

Der letzte Abschnitt dieser Einführung ist ein Aufruf zum Handeln - eine Aufforderung, über die passive Empathie hinauszugehen und sich aktiv zu engagieren. Die Geschichte von Jesus Christus, dem Flüchtling, ist nicht nur eine Erzählung, die es zu studieren gilt; sie ist ein Aufruf, die Grundsätze des Mitgefühls, der Solidarität und der Gerechtigkeit in unserem eigenen Leben zu leben. Wenn wir über die Erfahrungen der Heiligen Familie und die Millionen von Flüchtlingen in unserer heutigen Welt nachdenken, sind wir gezwungen zu fragen: Was können wir tun, um etwas zu verändern?

Dieser Aufruf zum Handeln beginnt mit der Verpflichtung, die Flüchtlingskrise in ihrer ganzen Komplexität zu verstehen. Er verlangt von uns, dass wir uns über die Ursachen der Vertreibung informieren, den Stimmen der Flüchtlinge zuhören und uns für eine Politik einsetzen, die ihre Rechte und ihre Würde schützt. Aber sie geht auch über das Eintreten für die Rechte der Flüchtlinge hinaus und fordert uns zu praktischen Taten auf - sei es durch die Unterstützung von Flüchtlingsorganisationen, durch ehrenamtliche Arbeit oder einfach durch eine freundschaftliche Geste gegenüber den Bedürftigen.

Wenn wir uns gemeinsam auf diese Reise begeben, sollten wir uns daran erinnern, dass die Geschichte von Jesus Christus, dem Flüchtling, eine Geschichte der Hoffnung und der Veränderung ist. Es ist eine Geschichte, die uns herausfordert, die Welt mit den Augen der Vertriebenen zu sehen, unsere gemeinsame Menschlichkeit zu erkennen und mit Liebe und Mitgefühl zu reagieren. Indem wir uns mit den Flüchtlingen solidarisch zeigen, können wir das Vermächtnis

JESUS-CHRISTUS, DER FLÜCHTLING!

Jesu Christi ehren und auf eine Welt hinarbeiten, in der alle Menschen Sicherheit, Würde und ein Zuhause finden können.

Auf den folgenden Seiten werden wir diese Themen vertiefen und die historischen, theologischen und gegenwärtigen Dimensionen der Flüchtlingserfahrung untersuchen. Wir hoffen, dass wir dadurch zu einem erneuerten Engagement für Gerechtigkeit und Mitgefühl anregen können, das im Leben und in den Lehren Jesu Christi begründet ist.

Jesus-Christus, der Proto-Flüchtling

Bei der Erforschung von Jesus Christus als dem Proto-Flüchtling sind wir aufgerufen, uns mit einem transformativen theologischen Paradigma auseinanderzusetzen - einem Paradigma, das unsere konventionellen Vorstellungen von Erlösung und Vertreibung auf den Kopf stellt. Dieses Verständnis, das sich durch das letzte Kapitel dieses Buches zieht, offenbart eine tiefe Wahrheit: Jesus rettet die Menschheit nicht nur aus der Ferne; er tritt mitten ins Herz des menschlichen Leidens und des Exils und wird zum Erlöser der Flüchtlinge, der die Erfahrung der Vertriebenen heiligt. Seine Reise - von der Flucht nach Ägypten bis zur Kreuzigung außerhalb der Stadtmauern - definiert den Zustand des Flüchtlings als einen heiligen Raum, in dem göttliche Gegenwart auf menschliche Zerbrechlichkeit trifft. In diesem ausgegrenzten, verletzlichen Raum zeigt sich Gottes erlösende Kraft am deutlichsten, verwandelt sich Verzweiflung in Hoffnung, Entfremdung in Versöhnung. So sind wir aufgerufen, diese Offenbarung nicht nur zu bezeugen, sondern sie zu verkörpern, da die Kirche den Auftrag hat, die Mission der radikalen Solidarität weiterzuführen, bei der die Ränder der Gesellschaft zum Ort göttlichen Handelns werden und die Vertriebenen nicht nur gesehen werden, sondern als Christus selbst gesehen werden.

Kapitel 1: Die Flucht nach Ägypten

Das Matthäus-Evangelium berichtet über eine erschütternde Episode im frühen Leben Jesu: die Flucht nach Ägypten. Obwohl dieses Ereignis nur kurz beschrieben wird, ist es von immenser Bedeutung und bildet den Rahmen für eine Erzählung voller Gefahren, Prophezeiungen und göttlichem Eingreifen. Sie beginnt mit dem Besuch der Weisen aus dem Morgenland, die auf der Suche nach dem neugeborenen König der Juden nach Jerusalem kommen. Ihre Anfrage stößt auf die Ohren von König Herodes, einem paranoiden und rücksichtslosen Herrscher, der die Geburt eines neuen Königs als direkte Bedrohung seiner Macht ansieht.

Das prophetische Geflüster: Der Besuch der Heiligen Drei Könige

Die Ankunft der Heiligen Drei Könige in Jerusalem ist von Geheimnis und Ehrfurcht umwoben. Diese rätselhaften Gestalten, Gelehrte der Himmelsbewegungen, legten große Entfernungen zurück und wurden von einem Stern von außergewöhnlicher Leuchtkraft geleitet. Ihre Reise, die mit Gefahren und Erwartungen verbunden ist, gipfelt in einer Konfrontation mit Herodes, dessen höfliche Fassade seine innere Unruhe kaum verbergen kann. Die Frage der Weisen - „Wo ist der, der als König der Juden geboren wurde?" - trifft den Kern von Herodes' Unsicherheit und löst eine Kette von Ereignissen aus, die zu unvorstellbarem Leid führen.

Der Zorn des Herodes: Das Massaker an den Unschuldigen

Herodes' Reaktion ist schnell und brutal. Von Angst und Paranoia erfüllt, ordnet er das Massaker an allen männlichen Säuglingen in

JESUS-CHRISTUS, DER FLÜCHTLING!

Bethlehem und Umgebung an, die zwei Jahre alt oder jünger sind. Diese Gräueltat, die als Massaker an den Unschuldigen bekannt wurde, ist eine erschreckende Erinnerung daran, wie weit die Mächtigen gehen, um vermeintliche Bedrohungen auszuschalten. Das Blut der Unschuldigen befleckt die Erde, und das Wehklagen der trauernden Mütter hallt durch die Straßen - eine Szene des Grauens, die das kollektive Gedächtnis des jüdischen Volkes heimsucht.

In diesem Kontext der drohenden Gefahr erhält Josef im Traum eine göttliche Warnung: „Steh auf, nimm das Kind und seine Mutter, flieh nach Ägypten und bleib dort, bis ich dir Bescheid gebe; denn Herodes wird das Kind suchen, um es zu töten" (Matthäus 2,13). Die Dringlichkeit des Befehls lässt keinen Raum für ein Zögern; im Schutz der Dunkelheit macht sich die Heilige Familie auf die gefährliche Reise.

Die Reise beginnt: Ins Unbekannte

Mitten in der Nacht brechen Josef, Maria und das Jesuskind zu einer Reise auf, die voller Gefahren ist. Der Weg, den sie zurücklegen, ist nicht nur ein physischer, sondern auch ein Weg des Glaubens, der Widerstandsfähigkeit und des Überlebens. Sie müssen tückisches Gelände durchqueren, vermeiden, von Herodes' Soldaten entdeckt zu werden, und unterwegs Nahrung und Unterkunft finden. Die Entfernung von Bethlehem bis zur ägyptischen Grenze beträgt etwa 90 Meilen, eine gewaltige Reise für eine junge Familie mit einem Neugeborenen.

Jeder Schritt ist mit Unsicherheit behaftet, jeder Schatten eine potenzielle Bedrohung. Bei der Überquerung der Grenze nach Ägypten lassen sie alles Vertraute hinter sich: ihr Zuhause, ihre Gemeinschaft und ihre Lebensweise. Das Land, das sie betreten, ist ihnen fremd, mit seiner eigenen Sprache, seinen Bräuchen und seinen Herausforderungen. Doch diese Flucht nach Ägypten ist nicht nur eine Flucht, sondern die Erfüllung einer Prophezeiung. Matthäus zitiert die Worte des Propheten Hosea: „Aus Ägypten habe ich meinen

Sohn gerufen" (Hosea 11,1). Diese Verbindung zur Prophezeiung verleiht der Reise ein Gefühl der göttlichen Bestimmung und der Kontinuität mit der umfassenderen Erzählung von Gottes Heilsgeschichte.

Ägypten: Ein Land der Zuflucht

Die Erfahrung der Heiligen Familie in Ägypten ist ein tiefes Beispiel für die Erfahrung von Flüchtlingen. Sie sind gezwungen, aus ihrer Heimat zu fliehen, um der Verfolgung zu entgehen, und suchen Sicherheit in einem fremden Land. Ägypten mit seiner alten Zivilisation und reichen Geschichte wird zu einem Zufluchtsort, der relative Sicherheit vor den politischen Unruhen in Judäa bietet. Doch das Land ist nicht ohne Herausforderungen. Die Heilige Familie muss sich mit den Schwierigkeiten des Lebens im Exil auseinandersetzen und ist dabei auf die Freundlichkeit und Gastfreundschaft von Fremden angewiesen.

Zu dieser Zeit war Ägypten ein Zentrum der kulturellen und religiösen Vielfalt. Es hatte eine bedeutende jüdische Bevölkerung mit Gemeinden, die sich über Jahrhunderte etabliert hatten. Diese jüdischen Enklaven boten ein Unterstützungsnetz für neu angekommene Flüchtlinge wie die Heilige Familie und vermittelten ein Gefühl der Vertrautheit in einem ansonsten fremden Land. Die belebten Straßen von Alexandria, die Pracht der ptolemäischen Tempel und das rhythmische Fließen des Nils - all diese Aspekte des ägyptischen Lebens wären für die junge Familie sowohl ehrfurchtgebietend als auch überwältigend gewesen.

Eine prophetische Erfüllung: Die göttliche Absicht

Die Flucht nach Ägypten ist von einer prophetischen Bedeutung durchdrungen. Das Matthäusevangelium zieht eine Parallele zwischen der Reise der Heiligen Familie und dem Auszug der Israeliten aus Ägypten Jahrhunderte zuvor. So wie Mose die Kinder Israels aus der Knechtschaft führte, symbolisiert auch der Aufenthalt Jesu in Ägypten einen neuen Auszug - einen, der zur endgültigen Befreiung von Sünde und Tod führen würde. Die Reise der Heiligen Familie ist nicht nur ein historisches Ereignis, sondern ein Vorgeschmack auf die Erlösung, die Jesus der ganzen Menschheit bringen wird.

Die Erfahrung von Flüchtlingen: Eine zeitlose Parallele

Die Flucht nach Ägypten verdeutlicht auch die Verletzlichkeit und Unverwüstlichkeit der Heiligen Familie. Trotz der Schwierigkeiten, mit denen sie konfrontiert waren, fanden sie einen Weg, um zu überleben und das Jesuskind zu schützen. Diese Widerstandsfähigkeit ist ein Zeugnis ihres Glaubens und ihrer Entschlossenheit, Eigenschaften, die sich in den Erfahrungen von Flüchtlingen im Laufe der Geschichte und in der Gegenwart widerspiegeln. Die Erfahrung der Heiligen Familie hat eine große Ähnlichkeit mit der Notlage von Flüchtlingen in unserer heutigen Zeit. Die Angst, die Ungewissheit und die Vertreibung, die sie ertragen mussten, sind den Erfahrungen von Millionen von Flüchtlingen heute nicht unähnlich.

Wenn wir über dieses Kapitel im Leben Jesu nachdenken, sind wir eingeladen, die Not der Flüchtlinge in unserer eigenen Zeit zu bedenken. Wenn wir ihre Geschichte verstehen, können wir mehr Empathie und Mitgefühl für diejenigen entwickeln, die gezwungen sind, auf der Suche nach Sicherheit aus ihrer Heimat zu fliehen. Die Flucht nach Ägypten fordert uns heraus, im Flüchtling das Antlitz Christi zu sehen und mit Liebe und Solidarität zu reagieren.

Abschließende Überlegungen: Eine Erzählung von Hoffnung und Widerstandskraft

Die Flucht nach Ägypten ist nicht nur ein historisches Ereignis, sondern eine Erzählung, die tief in der menschlichen Erfahrung von Vertreibung und der Suche nach Zuflucht verwurzelt ist. Sie fordert uns heraus, im Flüchtling das Antlitz Christi zu sehen und mit Liebe und Solidarität zu reagieren. Auf unserer Reise durch die folgenden Kapitel wird sich das Thema Vertreibung und Zuflucht weiter entfalten und Einsichten und Überlegungen bieten, die sowohl zeitlos als auch dringend relevant sind. Die Geschichte von der Flucht der Heiligen

Familie nach Ägypten erinnert uns eindringlich daran, dass Hoffnung und Widerstandskraft uns auch in den dunkelsten Zeiten tragen können.

Kapitel 2: Leben im Exil

Die Reise nach Ägypten markiert den Beginn eines bedeutenden Abschnitts im Leben der Heiligen Familie: das Leben im Exil. Als sie Ägypten betraten, ein Land voller alter Geschichte und vielfältiger Kultur, traten Josef, Maria und das Jesuskind in eine Welt ein, die sich stark von ihrer Heimat Judäa unterschied. Ägypten mit seinen hoch aufragenden Pyramiden, weitläufigen Tempeln und geschäftigen Märkten war ein Land der starken Kontraste. Hier, inmitten der Kakophonie fremder Sprachen und der ungewohnten Anblicke und Geräusche, suchte die Heilige Familie Zuflucht.

Ein Land der Zuflucht und der Entfremdung

Nach ihrer Ankunft bestand die unmittelbare Herausforderung im Überleben. Eine Unterkunft zu finden, Nahrung zu beschaffen und für ihre Sicherheit zu sorgen, war ihre oberste Priorität. Als neu angekommene Flüchtlinge erlebten sie wahrscheinlich die Orientierungslosigkeit und Angst, die mit einer plötzlichen Vertreibung einhergehen. Die Heilige Familie wurde in eine Welt gestoßen, in der sie fremd, verletzlich und von der Barmherzigkeit anderer abhängig war. Die Aufgabe, in einer unbekannten Umgebung und inmitten einer möglicherweise feindseligen Haltung ein neues Leben aufzubauen, hätte ihre Widerstandsfähigkeit und ihren Glauben auf die Probe gestellt.

Ägypten war zur Zeit des Exils Jesu ein Schmelztiegel der Kulturen, der zwar von Rom regiert wurde, aber in seinen eigenen alten Traditionen verwurzelt war. Das Land war ein Knotenpunkt des Handels und der Ideen, an dem sich griechische Philosophie mit ägyptischen religiösen Praktiken und römischem Recht vermischte. Für die Heilige Familie bot diese vielfältige und komplexe Gesellschaft sowohl Chancen als auch Herausforderungen. Die jüdische Gemeinschaft in Ägypten war gut etabliert und hatte ihre Wurzeln in der Diaspora nach der babylonischen Eroberung Jerusalems Jahrhunderte zuvor. Diese Gemeinschaft war zwar weit verstreut und wurde oft an den Rand gedrängt, stellte aber ein wichtiges Unterstützungsnetz für die jüdischen Flüchtlinge dar, das Ressourcen, soziale Verbindungen und einen Anschein von Vertrautheit bot.

Integration und Isolation

Die Heilige Familie ließ sich wahrscheinlich in einer der jüdischen Enklaven nieder, z. B. in Alexandria, einer Stadt, die für ihre lebendige jüdische Gemeinde und ihr intellektuelles Leben bekannt war. Hier hätte sie ein gewisses Maß an Sicherheit und gemeinschaftlicher Unterstützung gefunden. Diese Enklaven zeichneten sich durch Synagogen, Schulen und kommunale Organisationen aus, die zur Aufrechterhaltung der jüdischen religiösen und kulturellen Praktiken beitrugen. Als gelernter Zimmermann hätte Joseph Arbeit gesucht, um seine Familie zu ernähren, zur lokalen Wirtschaft beizutragen und sich gleichzeitig in die Gemeinschaft zu integrieren. Doch selbst innerhalb dieser Enklaven wären sie sich ihres Status als Flüchtlinge bewusst geblieben, die vor Verfolgung geflohen waren und nun in einem fremden Land lebten.

Das Leben im Exil wäre sowohl von Kontinuität als auch von Veränderung geprägt gewesen. Die Heilige Familie war bestrebt, ihre jüdische Identität und ihre Traditionen zu bewahren und sich gleichzeitig an den neuen kulturellen Kontext in Ägypten anzupassen. Diese doppelte Existenz erforderte ein empfindliches Gleichgewicht, da sie den Druck der Assimilierung und den Wunsch, ihr eigenes Erbe zu bewahren, zu bewältigen hatten. Sie hielten den Sabbat ein, rezitierten das Schma und lehrten den jungen Jesus die Tora, während sie gleichzeitig vom Einfluss ägyptischer Götter und römischer

Bräuche umgeben waren. Die Spannung zwischen der Aufrechterhaltung ihres Glaubens und der Anpassung an ihre neue Umgebung war eine ständige Unterströmung in ihrem täglichen Leben.

Geistliches Wachstum in der Wildnis
Die Erfahrung des Exils brachte auch tief greifende spirituelle Lektionen mit sich. Es war eine Zeit der Reflexion und des Wachstums, in der der Glaube geprüft und vertieft wurde. Das Vertrauen der Heiligen Familie auf die göttliche Führung und Vorsehung wurde in einem fremden Land noch wichtiger. Diese Zeit in Ägypten war zwar eine Herausforderung, aber auch eine Zeit der Vorbereitung auf das zukünftige Wirken Jesu. In den ruhigen, unaufgezeichneten Jahren seines frühen Lebens, abseits der Öffentlichkeit, hat Jesus das Leiden und die Widerstandsfähigkeit der Menschen um ihn herum beobachtet - Erfahrungen, die seine Lehren und sein Mitgefühl für die Ausgegrenzten tiefgreifend prägen sollten.

Ägypten, das Land, in dem die Israeliten einst versklavt worden waren, wurde nun zu einem Ort der Zuflucht. Diese Ironie wird der Heiligen Familie nicht entgangen sein. Sie lebten im Schatten einer Geschichte, die sowohl von Knechtschaft als auch von Befreiung geprägt war, einer Geschichte, die das ganze Leben und Wirken Jesu prägen sollte. Die Wüste Ägyptens wurde zu einem Schmelztiegel für die geistige Entwicklung, zu einem Ort, an dem die Grundlagen des Glaubens durch Prüfungen und Ausdauer gestärkt wurden.

Die Erfahrung von Flüchtlingen und die Theologie des Exils
Wenn wir das Leben der Heiligen Familie im Exil betrachten, können wir Parallelen zu den Erfahrungen der modernen Flüchtlinge ziehen. Heute sind Millionen von Menschen gezwungen, aufgrund von Konflikten, Verfolgung und wirtschaftlicher Not aus ihrer Heimat zu fliehen. Sie stehen vor der gewaltigen Aufgabe, ihr Leben in einem fremden Land neu aufzubauen, wobei sie oft auf Feindseligkeit und Diskriminierung stoßen. Die Widerstandsfähigkeit, der Glaube und

die Hoffnung, die die Heilige Familie an den Tag legt, sind ein starkes Vorbild sowohl für Flüchtlinge als auch für diejenigen, die sie unterstützen wollen.

Dieses Kapitel lädt uns auch dazu ein, über die breiteren theologischen Implikationen der Erfahrung Jesu als Flüchtling nachzudenken. Es fordert uns heraus, unser Verständnis von Gottes Gegenwart im Leben der Vertriebenen zu überdenken. Die Inkarnation Jesu im Kontext einer Flüchtlingserfahrung unterstreicht die tiefe Solidarität Gottes mit den Leidenden und Ausgegrenzten. Allein der Akt, dass Gott menschliche Gestalt annimmt und als Flüchtling lebt, unterstreicht die Heiligkeit der Vertriebenen. Er ruft uns zu einem tieferen Engagement für Gerechtigkeit, Mitgefühl und Gastfreundschaft auf, um das Antlitz Christi in denen zu sehen, die auf der Suche nach Sicherheit aus ihrer Heimat fliehen.

Widerstandsfähigkeit, Glaube und der Weg nach vorn

Bei der Erforschung des Lebens der Heiligen Familie im Exil werden wir an die beständige menschliche Fähigkeit zur Widerstandsfähigkeit und an die Kraft des Glaubens erinnert, die uns in Zeiten der Prüfung trägt. Dieser Abschnitt im Leben Jesu wird zwar oft übersehen, bietet aber reiche Einblicke in das Wesen der göttlichen Liebe und den Ruf, denen zu dienen, die in Not sind. Die Reise der Heiligen Familie ist ein Zeugnis für die Stärke des menschlichen Geistes, wenn er durch den Glauben gestärkt wird.

Im weiteren Verlauf dieses Buches werden die Themen Vertreibung, Zuflucht und göttliche Solidarität immer wieder auftauchen und uns helfen, sowohl den historischen Jesus als auch die aktuelle Notlage der Flüchtlinge besser zu verstehen. Indem wir diese Themen untersuchen, können wir eine mitfühlendere und gerechtere Antwort auf die Herausforderungen unserer Zeit kultivieren, inspiriert durch das Leben und die Lehren von Jesus Christus, dem Flüchtling.

Die Reflexion über das Leben der Heiligen Familie im Exil fordert uns heraus, unsere eigenen Antworten auf die Vertriebenen zu überdenken. Wie öffnen wir als Einzelne und als Gemeinschaften unsere Herzen und Türen für diejenigen, die Zuflucht suchen? Wie verkörpern wir die Grundsätze der Liebe, Gerechtigkeit und Barmherzigkeit, die Jesus vorgelebt hat? Die Antworten auf diese Fragen mögen nicht einfach sein, aber sie sind wichtig, wenn wir versuchen, die Lehren Christi in einer Welt zu leben, die immer noch nach Zuflucht und Frieden schreit.

Kapitel 3: Die Rückkehr nach Nazareth

Nach einer unsicheren Zeit in Ägypten, wo die Heilige Familie vorübergehend Zuflucht vor dem Zorn des Königs Herodes gefunden hatte, sollte sich ein neues Kapitel ihrer Reise auftun. Die Nachricht vom Tod des Herodes brachte die Möglichkeit mit sich, in ihr Heimatland zurückzukehren, aber diese Rückkehr war mit einer Reihe von Herausforderungen verbunden. Das Land Israel, das immer noch unter römischer Besatzung stand, war nicht frei von Gefahren, vor allem, weil Herodes' Sohn Archelaus in Judäa regierte. Doch der göttliche Befehl war klar: Die Zeit war gekommen, Ägypten zu verlassen und die lange Reise zurück in das Land ihrer Vorfahren anzutreten.

Die Reise zurück: Ein Weg voller Gefahren und Verheißungen

Die Rückkehr nach Nazareth war nicht nur eine Heimkehr, sondern eine Pilgerreise voller Hoffnung, Angst und den unerbittlichen Unwägbarkeiten der alten Reise. Die Heilige Familie, die wieder einmal unterwegs war, sah sich den Gefahren der Banditen, der Härte der Wüste und der Komplexität der Navigation in einer politisch instabilen Region ausgesetzt.

Jeder Schritt war ein Zeugnis ihres Glaubens und ihrer Unverwüstlichkeit. Das Reisen war damals beschwerlich, besonders für eine Familie mit einem kleinen Kind. Die Straßen waren tückisch und oft kaum mehr als staubige Pisten, die sich durch trostlose Landschaften schlängelten. Joseph, der Beschützer, war stets wachsam und suchte den Horizont nach Anzeichen von Gefahr ab. Maria, die die Erinnerungen an ihre Zeit in Ägypten in sich trug, wäre sowohl hoffnungsvoll als auch ängstlich gewesen und hätte für eine sichere Rückkehr in das Land Israel gebetet. Doch inmitten der Prüfungen wuchs auch die Vorfreude. Die Rückkehr in ihr Heimatland bedeutete eine Wiedervereinigung mit ihrer Gemeinschaft, die Rückgewinnung ihres kulturellen und religiösen Erbes und, was vielleicht am wichtigsten war, ein stabiles Umfeld, in dem Jesus wachsen und lernen konnte. Nazareth, ein kleines Dorf in der Region Galiläa, erwartete sie - ein bescheidener, unscheinbarer Ort, der die Kulisse für die prägenden Jahre Jesu werden sollte.

Nazareth: Ein Dorf am Rande der Gesellschaft
Nazareth lag weit entfernt von den politischen und religiösen Machtzentren in Jerusalem.

Es war ein Dorf ohne große Berühmtheit, eingebettet in die Hügel Galiläas, wo das Leben in einem langsamen, landwirtschaftlichen Rhythmus ablief. Dennoch wuchs Jesus hier auf, lernte von seinen Eltern und seiner Gemeinde und bereitete sich auf seinen zukünftigen Dienst vor. Die Rückkehr nach Nazareth symbolisierte die Wiederherstellung von Normalität und Kontinuität nach den Unterbrechungen des Exils. Es war ein Ort, an dem Jesus ein Kind sein konnte, das in den staubigen Straßen spielte, den Rhythmus des Dorflebens lernte und die Geschichten und Traditionen seines Volkes aufnahm.

Für Josef und Maria bedeutete die Rückkehr auch die Wiedereingliederung in ihre sozialen und wirtschaftlichen Netzwerke. Josef, ein gelernter Zimmermann, hätte seinen Beruf wieder aufgenommen, um seine Familie zu versorgen und zur lokalen Wirtschaft beizutragen. An seiner einfachen und funktionalen Werkbank hätte er unzählige Arbeitsstunden verbracht, um Werkzeuge, Möbel und vielleicht sogar landwirtschaftliche Geräte für seine Nachbarn herzustellen. Durch seine Arbeit hätte Josef seinen

Platz in der Gemeinschaft wiederhergestellt und sich den Respekt und das Vertrauen der Menschen in seiner Umgebung verdient.

Auch Maria spielte eine wichtige Rolle im Haushalt und in der Gemeinschaft. Ihre Tage waren mit den häuslichen Aufgaben ausgefüllt - Getreide mahlen, Brot backen, Wasser holen und Jesus versorgen. Aber über diese täglichen Aufgaben hinaus war Marias Gegenwart das geistige Herz der Familie. Sie versorgte Jesus nicht nur mit Nahrung und Pflege, sondern auch mit den Geschichten ihres Glaubens, den Liedern ihres Volkes und den Gebeten, die sie durch das Exil getragen hatten. Durch sie hätte Jesus die tiefe Verbindung zwischen dem Alltäglichen und dem Göttlichen, zwischen dem täglichen Leben und der übergreifenden Erzählung von Gottes Erlösung verstehen gelernt.

Prägende Jahre: Weisheit und Statur

Diese Zeit in Nazareth war entscheidend für die Entwicklung Jesu. Es war eine Zeit des Lernens und Wachsens, sowohl in Bezug auf seine Weisheit als auch auf seine Statur. Die Erfahrungen des Exils und der Rückkehr hinterließen unauslöschliche Spuren in seinem Bewusstsein und prägten sein Verständnis von Vertreibung, Heimat und Zugehörigkeit. Diese Themen tauchen später in seinen Lehren und Gleichnissen auf und spiegeln ein tiefes Mitgefühl für die Ausgegrenzten und ein tiefes Gefühl für göttliche Gerechtigkeit wider.

In der Stille von Nazareth, abseits der Öffentlichkeit, nahm Jesus die Weisheit seiner Ältesten auf, lernte die heiligen Texte und wuchs in seinem Verständnis. Die Synagoge mit ihren Schriftrollen und Lehren wäre für den jungen Jesus ein Ort der Faszination und des Lernens gewesen. Hier hätte er den Lesungen aus der Thora und den Propheten zugehört und die Geschichten über Gottes Bund mit Israel, den Aufruf zu Gerechtigkeit und Barmherzigkeit und die Verheißung eines Messias aufgesogen. Diese Lehren sollten in seinem Herzen Wurzeln schlagen und schließlich zu den tiefen Einsichten und der radikalen Liebe erblühen, die sein Wirken kennzeichneten.

JESUS-CHRISTUS, DER FLÜCHTLING!

Theologische Bedeutung: Ein von Gott berufener Nazarener

Die Rückkehr nach Nazareth hatte auch eine theologische Bedeutung. Sie erfüllte die prophetische Vision, dass der Messias ein Nazarener genannt werden würde, und verband das Leben Jesu mit der umfassenderen Erzählung von Gottes Heilsplan. Diese Verbindung zwischen Prophezeiung und Wirklichkeit verstärkte das Gefühl der göttlichen Bestimmung, die das Leben Jesu von Anfang an durchdrang.

Die Bezeichnung „Nazarener" brachte das Gefühl mit sich, vom Rande der Gesellschaft zu stammen. Nazareth war kein Ort großer Macht oder großen Einflusses, aber gerade aus diesem bescheidenen Dorf wählte Gott denjenigen aus, der der Welt das Heil bringen sollte. Dieses Thema, dass Gott durch die Bescheidenen, die Ausgegrenzten und die Übersehenen wirkt, sollte ein wiederkehrendes Thema in Jesu Lehren sein. Seine Identifikation mit Nazareth war nicht nur eine geografische Frage, sondern eine tiefgreifende Aussage über das Wesen von Gottes Reich - in dem die Letzten die Ersten sind, die Sanftmütigen die Erde erben und die Ausgegrenzten ihren Platz im Zentrum von Gottes Erlösungsplan finden.

Widerstandsfähigkeit und Hoffnung: Ein Modell für moderne Flüchtlinge

Wenn wir über die Rückkehr nach Nazareth nachdenken, werden wir an den zyklischen Charakter von Exil und Rückkehr in der biblischen Erzählung erinnert. Dieses Thema ist eng mit den Erfahrungen von Flüchtlingen und Vertriebenen im Laufe der Geschichte verknüpft. Die Sehnsucht nach der Heimat, die Herausforderungen der Wiedereingliederung und die Hoffnung auf eine bessere Zukunft sind universelle Aspekte des menschlichen Daseins.

Im Kontext der modernen Flüchtlingserfahrungen ist die Rückkehr nach Nazareth ein starkes Symbol für Widerstandsfähigkeit und Hoffnung. Sie erinnert uns daran, dass es trotz der Härten der Vertreibung immer die Möglichkeit der Erneuerung und

Wiederherstellung gibt. Diese Hoffnung wird durch den Glauben, die Unterstützung der Gemeinschaft und den beständigen menschlichen Geist gestützt. Die Reise der Heiligen Familie zurück nach Nazareth, ihre Wiedereingliederung in die Gemeinschaft und ihr Wiederaufbau des Lebens sind ein starkes Zeugnis für die Widerstandsfähigkeit von Flüchtlingen überall. Ihre Geschichte ermutigt uns, über die unmittelbaren Herausforderungen hinauszublicken und das Potenzial für Wachstum, Heilung und Neuanfänge zu erkennen.

Ein Aufruf zum Handeln: Die Vertriebenen willkommen heißen

Die Geschichte von der Rückkehr Jesu nach Nazareth fordert uns auch auf, unsere eigene Rolle bei der Unterstützung von Flüchtlingen und Vertriebenen zu überdenken. Sie ruft uns auf, einladende und integrative Gemeinschaften zu schaffen, die die Wiedereingliederung derjenigen erleichtern, die aus ihrer Heimat entwurzelt wurden. Indem wir Gastfreundschaft, Mitgefühl und praktische Hilfe anbieten, können wir dazu beitragen, dass diejenigen, die das Trauma der Vertreibung erlebt haben, wieder ein Gefühl der Zugehörigkeit und Stabilität entwickeln.

In einer Welt, in der Millionen von Menschen aufgrund von Konflikten, Verfolgung und wirtschaftlicher Not vertrieben werden, dient das Beispiel der Rückkehr der Heiligen Familie nach Nazareth als eindringliche Erinnerung an unsere gemeinsame Verantwortung. Wir sind dazu berufen, Vertreter der Liebe und Gerechtigkeit Gottes zu sein und Räume zu schaffen, in denen die Vertriebenen Sicherheit und Unterstützung finden und die Möglichkeit haben, ihr Leben neu aufzubauen. Dies ist nicht nur eine moralische Verpflichtung, sondern spiegelt den Kern des Evangeliums wider - ein Evangelium, das uns aufruft, unseren Nächsten zu lieben, den Fremden willkommen zu heißen und für die Geringsten unter uns zu sorgen.

Schlussfolgerung: Die bleibende Bedeutung der Flüchtlingserfahrung Jesu

JESUS-CHRISTUS, DER FLÜCHTLING!

Abschließend lässt sich sagen, dass die Rückkehr nach Nazareth ein Zeugnis für die anhaltenden Themen von Exil und Rückkehr, Vertreibung und Heimkehr ist, die sich durch die biblische Erzählung und die menschliche Geschichte ziehen. Sie unterstreicht die Widerstandsfähigkeit der Heiligen Familie und die tiefgreifenden Auswirkungen dieser Erfahrungen auf Jesu Leben und Wirken. Wenn wir das Leben von Jesus Christus, dem Flüchtling, weiter erforschen, sind wir eingeladen, unser Verständnis dieser Themen zu vertiefen und mit Empathie und Handeln auf die Bedürfnisse der Flüchtlinge von heute zu reagieren.

In den folgenden Kapiteln werden wir die Erfahrungen von Flüchtlingen sowohl im biblischen Kontext als auch in der modernen Welt näher beleuchten und Verbindungen herstellen, die zu Mitgefühl, Gerechtigkeit und Hoffnung führen. Durch diese Erkundung können wir die tiefe Bedeutung der Flüchtlingserfahrung Jesu und ihre anhaltende Relevanz für unseren Glauben und unsere Praxis besser einschätzen. Dabei folgen wir dem Ruf, Werkzeuge des Friedens Gottes zu sein und anderen dieselbe Gnade und dasselbe Mitgefühl zukommen zu lassen, das die Heilige Familie auf ihrer Reise zurück nach Nazareth erfahren hat.

Kapitel 4: Die Erfahrungen von Flüchtlingen verstehen

Die Notlage von Flüchtlingen ist ein bestimmendes Thema unserer Zeit, das Millionen von Menschen auf der ganzen Welt betrifft. Um die Bedeutung der Erfahrung Jesu als Flüchtling wirklich zu begreifen, ist es wichtig, den breiteren Kontext von Flüchtlingserfahrungen zu verstehen. Dieses Kapitel taucht tief in die Komplexität von Vertreibung ein und untersucht die Ursachen, Herausforderungen und Reaktionen im Zusammenhang mit der Flüchtlingskrise - einer Krise, die Grenzen, Kulturen und Epochen überschreitet und eine Geschichte des Überlebens, der Widerstandsfähigkeit und der Hoffnung erzählt.

Die Wurzeln der Vertreibung: Konflikt, Verfolgung und mehr

Flüchtlinge sind Menschen, die aufgrund von Konflikten, Verfolgung oder Gewalt gezwungen sind, aus ihrer Heimat zu fliehen. Im Gegensatz zu Migranten, die sich aus wirtschaftlichen oder persönlichen Gründen für einen Umzug entscheiden, haben Flüchtlinge keine andere Wahl, als anderswo Sicherheit zu suchen. Diese unfreiwillige Vertreibung bringt eine Reihe von Herausforderungen mit sich, darunter den Verlust der Heimat, die Trennung von geliebten Menschen und das Trauma von Konflikten und Verfolgung.

Bewaffnete Konflikte sind eine der Hauptursachen für Vertreibung. Kriege und bürgerkriegsähnliche Auseinandersetzungen verwüsten Gemeinschaften, legen einst blühende Viertel in Schutt und Asche und zwingen die Menschen, ihre Häuser und Lebensgrundlagen zu verlassen. In Ländern wie Syrien, Afghanistan und dem Südsudan wurden Millionen von Bürgern infolge lang anhaltender Konflikte zu Flüchtlingen. Diese Menschen nehmen oft eine gefährliche Reise auf sich, um sicherere Gebiete zu erreichen, und riskieren dabei ihr Leben. Der Exodus der Menschen aus diesen vom Krieg zerrissenen Regionen zeichnet ein düsteres Bild menschlichen Leids, in dem das Überleben ein täglicher Kampf ist und die Hoffnung auf eine Rückkehr in die Heimat mit jedem Tag schwächer wird.

Verfolgung ist ein weiterer wichtiger Faktor für die Flüchtlingsbewegungen. Religiöse, ethnische und politische Verfolgung zwingt Menschen dazu, auf der Suche nach einem Ort zu fliehen, an dem sie ohne Angst vor Diskriminierung oder Gewalt leben können. Die Flucht der Heiligen Familie nach Ägypten war eine Reaktion auf eine solche Verfolgung, als König Herodes versuchte, die von dem neugeborenen Jesus ausgehende Bedrohung zu beseitigen. Diese alte Geschichte hallt durch die Jahrhunderte und erinnert uns daran, dass das Streben nach Sicherheit und das Recht, ohne Angst zu leben, universelle und zeitlose Kämpfe sind.

Neben Konflikten und Verfolgung können aber auch Umweltkatastrophen, wirtschaftliche Instabilität und gesellschaftlicher Zusammenbruch zu Vertreibungen führen. Der Klimawandel beispielsweise wird zunehmend als Ursache für erzwungene Migration erkannt, da steigende Meeresspiegel, schwere Dürren und katastrophale Stürme ganze Gemeinschaften vertreiben. Die Überschneidung von Umweltkrisen und menschlicher Verwundbarkeit schafft neue Flüchtlingskategorien - Klimaflüchtlinge - deren Notlage das traditionelle Verständnis von Asyl und Schutz erschwert.

Die Reise der Flüchtlinge: Gefahr, Widerstandsfähigkeit und die Suche nach Sicherheit

Die Reise eines Flüchtlings ist mit vielen Herausforderungen verbunden. Sie lassen ihre gewohnte Umgebung hinter sich und müssen sich in gefährlichem Terrain zurechtfinden, oft mit begrenzten Mitteln. Sie sind der ständigen Bedrohung durch Ausbeutung, Gewalt und sogar den Tod ausgesetzt. Die gefährliche Überquerung von Meeren, die tückischen Märsche durch Wüsten, die heimlichen Grenzübertritte - das sind die erschütternden Realitäten, mit denen die Menschen auf der Flucht konfrontiert sind. Ihre Reise ist nicht nur eine physische Überfahrt, sondern eine existenzielle Suche nach Sicherheit, Würde und einer Zukunft.

An ihrem Zielort angekommen, stoßen Flüchtlinge auf zusätzliche Hürden, darunter rechtliche Beschränkungen, fehlender Zugang zur Grundversorgung und kulturelle Barrieren. Der rechtliche Schwebezustand des Flüchtlingsstatus mit den damit verbundenen Ungewissheiten und Unsicherheiten erschwert die Neuansiedlung zusätzlich. In vielen Aufnahmeländern begegnet man den Flüchtlingen mit Misstrauen, Feindseligkeit oder Gleichgültigkeit, und ihr Leid wird von politischer Rhetorik und fremdenfeindlichen Ängsten überschattet. Doch inmitten dieser Herausforderungen zeigt sich die Unverwüstlichkeit der Flüchtlinge. Viele von ihnen finden Wege, ihr Leben wieder aufzubauen, und tragen durch Arbeit, Bildung und kulturellen Austausch zu ihren Gastgemeinden bei. Ihre Geschichten des Überlebens und der Beharrlichkeit sind ein Zeugnis für die Fähigkeit des menschlichen Geistes, große Not zu überwinden.

Der psychologische Tribut: Trauma und das Ringen um Heilung

Die psychologischen Auswirkungen der Vertreibung sind tiefgreifend. Die Flüchtlinge leiden oft unter dem Trauma der Ereignisse, die sie zur Flucht gezwungen haben, was durch den Stress der Reise und die Ungewissheit über ihre Zukunft noch verstärkt wird. Der Verlust von Heimat, Gemeinschaft und Identität kann zu Gefühlen der Isolation, Depression und Hoffnungslosigkeit führen. Für viele sind die Erinnerungen an Gewalt, Verfolgung und Verlust allgegenwärtig und verfolgen sie sowohl im Wachzustand als auch in ihren Träumen.

Unterstützungssysteme, einschließlich psychosozialer Dienste und Gemeinschaftsnetzwerke, sind von entscheidender Bedeutung, um Flüchtlingen bei der Bewältigung dieser Herausforderungen zu helfen. Der Zugang zu dieser Unterstützung ist jedoch oft begrenzt, insbesondere in überfüllten Flüchtlingslagern oder in städtischen Gebieten, wo die Ressourcen knapp sind. Die psychologischen Narben der Vertreibung können ein Leben lang andauern und nicht nur die direkt Betroffenen, sondern auch ihre Familien und künftige Generationen beeinträchtigen. Das Trauma der erzwungenen Migration ist eine kollektive Wunde, die einer kollektiven Heilung bedarf.

Die Rolle der internationalen Gemeinschaft: Schutz und Verantwortung

Die internationale Gemeinschaft spielt eine entscheidende Rolle bei der Bewältigung der Flüchtlingskrise. Organisationen wie das Hochkommissariat für Flüchtlinge der Vereinten Nationen (UNHCR) arbeiten unermüdlich daran, Flüchtlingen Schutz, Hilfe und dauerhafte Lösungen zu bieten. Dazu gehören die Bereitstellung von Unterkünften, Nahrungsmitteln, medizinischer Versorgung und rechtlicher Unterstützung sowie das Eintreten für die Rechte und die Würde von Flüchtlingen auf globaler Ebene. Die Arbeit des UNHCR und ähnlicher Organisationen entscheidet oft über Leben und Tod von Millionen von Vertriebenen.

Die Wirksamkeit dieser Bemühungen wird jedoch häufig durch politische Erwägungen, Ressourcenknappheit und das schiere Ausmaß der Krise beeinträchtigt. Auch den Aufnahmeländern kommt eine entscheidende Rolle zu. Während einige Länder die Flüchtlinge mit offenen Armen empfangen haben, haben andere strenge Beschränkungen auferlegt, die den Zugang zu Asyl und Grundversorgung einschränken. Die Ungleichheit der Reaktionen unterstreicht die Notwendigkeit eines koordinierteren und mitfühlenderen globalen Ansatzes für den Flüchtlingsschutz. Die moralische und rechtliche Verpflichtung der Staaten, diejenigen zu schützen, die vor Verfolgung und Gewalt fliehen, muss aufrechterhalten werden, wenn wir weiteres menschliches Leid verhindern wollen.

Glaubensgemeinschaften und der Aufruf zur Barmherzigkeit

Glaubensgemeinschaften, einschließlich der Christen, haben eine besondere Verantwortung, auf die Bedürfnisse von Flüchtlingen zu reagieren. Der biblische Auftrag, „den Fremden zu lieben" (Deuteronomium 10,19), fordert die Gläubigen auf, den Vertriebenen Gastfreundschaft, Mitgefühl und Gerechtigkeit entgegenzubringen. Das Beispiel Jesu, der die Verwundbarkeit des Exils erfahren hat, fordert die Christen auf, in den Flüchtlingen das Antlitz Christi zu sehen und mit Empathie und Solidarität zu handeln.

Dieser Aufruf zur Barmherzigkeit beschränkt sich nicht auf bloße Nächstenliebe, sondern erstreckt sich auch auf das Eintreten für einen Systemwandel, der die Ursachen der Vertreibung angeht und den Schutz der Rechte der Flüchtlinge gewährleistet. Glaubensgemeinschaften sind in einer einzigartigen Position, um Gräben zu überbrücken, Ressourcen zu mobilisieren und für eine Politik einzutreten, die die Würde und Menschlichkeit aller Menschen ungeachtet ihrer Herkunft oder ihres Status wahrt.

Der Beitrag von Flüchtlingen: Resilienz und Bereicherung

Um die Erfahrungen von Flüchtlingen zu verstehen, muss man auch die Beiträge anerkennen, die Flüchtlinge für die Gesellschaft leisten. Flüchtlinge sind weit davon entfernt, eine Last zu sein, und bringen vielfältige Fähigkeiten, Perspektiven und kulturellen Reichtum in ihre Aufnahmegemeinschaften ein. Sie zeigen oft eine außergewöhnliche Widerstandsfähigkeit und Einfallsreichtum, Eigenschaften, die den sozialen und wirtschaftlichen Fortschritt vorantreiben können.

JESUS-CHRISTUS, DER FLÜCHTLING!

Die Geschichten von Flüchtlingen, die Widrigkeiten überwunden haben, um in ihrer neuen Heimat erfolgreich zu sein, sind ein Zeugnis für die menschliche Fähigkeit zur Anpassung und zum Wachstum. Vom Unternehmertum bis hin zum kulturellen Austausch haben Flüchtlinge die Gesellschaften, die sie aufgenommen haben, bereichert und bewiesen, dass Integration und Vielfalt Stärken und keine Nachteile sind. Durch die Aufnahme von Flüchtlingen können die Gastgemeinden eine Quelle der Kreativität, Innovation und Entschlossenheit anzapfen.

Theologische Überlegungen: Jesus, der Flüchtling

Wenn wir uns mit den Erfahrungen von Flüchtlingen befassen, gewinnen wir ein tieferes Verständnis für die Bedeutung der Flüchtlingserfahrung Jesu. Sie erinnert uns eindringlich an die Verletzlichkeit und die Widerstandsfähigkeit, die den Weg der Flüchtlinge kennzeichnen. Die Flucht nach Ägypten, eine prägende Episode im Leben der Heiligen Familie, ist nicht nur ein historisches Ereignis, sondern ein tiefes theologisches Symbol. Sie ruft uns dazu auf, mit Mitgefühl, Fürsprache und Handeln zu reagieren und dafür zu sorgen, dass diejenigen, die vertrieben werden, Sicherheit, Würde und Hoffnung finden.

Das Bild von Jesus als Flüchtling fordert uns heraus, das Göttliche in den Ausgegrenzten und Vertriebenen zu sehen. Es lädt uns ein, über das Wesen der Solidarität Gottes mit den Leidenden nachzudenken und unsere eigene Verantwortung im Lichte dieses göttlichen Beispiels zu betrachten. Die Flüchtlingserfahrung Jesu unterstreicht die Universalität des menschlichen Daseins und die anhaltende Relevanz des Aufrufs des Evangeliums zu Gerechtigkeit und Barmherzigkeit.

Schlussfolgerung: Der Aufbau einer barmherzigen und integrativen Welt

Während wir uns weiter in das Leben von Jesus Christus, dem Flüchtling, vertiefen, werden wir in den folgenden Kapiteln die historischen und gegenwärtigen Dimensionen der

Flüchtlingserfahrung weiter beleuchten. Durch diese Erkundung können wir die tiefgreifenden Verbindungen zwischen Glauben, Vertreibung und dem Ruf nach Gerechtigkeit besser verstehen und uns dazu inspirieren, eine barmherzigere und integrativere Welt zu schaffen.

Die Herausforderungen, mit denen Flüchtlinge heute konfrontiert sind, erfordern eine Antwort, die sowohl unmittelbar als auch transformativ ist. Indem wir uns auf die Lehren der Geschichte, die Lehren des Glaubens und die Gebote der Gerechtigkeit stützen, können wir zusammenarbeiten, um eine Welt zu schaffen, in der Flüchtlinge nicht nur Überlebende sind, sondern gedeihen und zum Gedeihen der gesamten Menschheit beitragen. Dies ist die Vision, die unsere Bemühungen leiten sollte, wenn wir versuchen, das Mitgefühl und die Inklusivität zu verkörpern, die dem Evangelium zugrunde liegen.

Kapitel 5: Der historische Kontext der Flüchtlingseigenschaft Jesu

Um die Bedeutung der Erfahrung Jesu als Flüchtling richtig einschätzen zu können, ist es unerlässlich, den historischen Kontext der damaligen Zeit zu verstehen. Der Nahe Osten des ersten Jahrhunderts war eine Region voller politischer Unruhen, sozialer Umwälzungen und kultureller Vielfalt, die alle eine entscheidende Rolle bei der Gestaltung der Umstände spielten, die zur Flucht der Heiligen Familie nach Ägypten und ihrer anschließenden Rückkehr nach Nazareth führten. Dieses Kapitel befasst sich mit der Komplexität dieses historischen Hintergrunds und bietet Einblicke in das politische, soziale und kulturelle Umfeld, das den Rahmen für eine der tiefgreifendsten Episoden der christlichen Tradition bildete.

Die politische Landschaft: Eine Welt unter römischer Herrschaft

Der Nahe Osten war im ersten Jahrhundert eine Region, die von politischen Unruhen und sozialen Umwälzungen geprägt war. Das Römische Reich, unter dessen Herrschaft die Region fiel, übte einen bedeutenden Einfluss auf das tägliche Leben der Bewohner aus. Die Expansionspolitik des Imperiums und die hohe Besteuerung belasteten die lokale Bevölkerung erheblich, was zu weit verbreiteter Unzufriedenheit und gelegentlichen Aufständen führte. Der Schatten Roms schwebte über allen Aspekten des Lebens in Judäa und darüber hinaus und warf einen Schatten der Angst und Unterwerfung über die Menschen.

Judäa, wo Jesus geboren wurde, war eine besonders unruhige Region. Es wurde von Herodes dem Großen regiert, einem Klientelkönig Roms, der für seine brutale und paranoide Herrschaft bekannt war. Herodes' Herrschaft war gekennzeichnet durch bedeutende Bauprojekte, darunter die Erweiterung des Zweiten Tempels in Jerusalem, aber auch durch rücksichtslose Maßnahmen zur Aufrechterhaltung der Kontrolle und zur Beseitigung von Bedrohungen seiner Macht. Das Massaker an den Unschuldigen, das Herodes anordnete, um das neugeborene Jesuskind zu töten, ist ein krasses Beispiel für sein tyrannisches Vorgehen. Dieser Akt der Grausamkeit war kein Einzelfall, sondern Teil eines umfassenderen Musters von Gewalt und Unterdrückung, das die Herrschaft des Herodes kennzeichnete. Seine Paranoia, die durch die Angst vor dem Verlust seines Throns geschürt wurde, veranlasste ihn zu zahlreichen Gräueltaten, einschließlich der Hinrichtung seiner eigenen Familienmitglieder.

Das Römische Reich brachte zwar ein gewisses Maß an Stabilität und Infrastrukturentwicklung in die Region, erlegte der lokalen Bevölkerung aber auch harte Steuern und strenge Kontrollen auf. Die Last dieser Steuern fiel schwer auf die Bauernschaft, verschärfte die bestehenden wirtschaftlichen Ungleichheiten und trug zu weit verbreiteter Armut und Ressentiments bei. Die römische Militärpräsenz mit ihrer brutalen Durchsetzung der kaiserlichen Politik entfremdete die lokale Bevölkerung weiter und schuf eine Atmosphäre der Spannung und Angst.

Ägypten: Ein Land der Zuflucht und kultureller Schmelztiegel

Die Flucht der Heiligen Familie nach Ägypten fand in diesem Kontext politischer Instabilität und Gewalt statt. Auf der Flucht vor dem mörderischen Dekret des Herodes suchten Josef, Maria und Jesus Zuflucht in Ägypten, einem Land mit einer eigenen komplexen Geschichte und Beziehung zu Judäa. Ägypten war seit langem ein Zufluchtsort für diejenigen, die vor den Unruhen in der Levante flohen, was bis in biblische Zeiten zurückreicht, als Jakob und seine Familie während einer Hungersnot dort Zuflucht suchten. Die Wahl Ägyptens als Zufluchtsort war sowohl praktisch als auch symbolisch und spiegelt eine tiefe historische Verbindung zwischen den Völkern der Region wider.

Im ersten Jahrhundert stand Ägypten unter römischer Kontrolle, behielt aber eine eigene kulturelle und soziale Identität. Es war ein Schmelztiegel griechischer, römischer und einheimischer ägyptischer Einflüsse, der eine vielfältige und dynamische Gesellschaft hervorbrachte. Alexandria, das Kronjuwel Ägyptens, war ein Zentrum intellektueller und kultureller Aktivitäten und beherbergte die Große Bibliothek und eine blühende jüdische Gemeinde. Diese gut etablierte und in das Gefüge der ägyptischen Gesellschaft integrierte Gemeinschaft bot ein Unterstützungsnetzwerk für jüdische Flüchtlinge, darunter auch die Heilige Familie, und bot religiöse, kulturelle und soziale Verbindungen. Das jüdische Viertel in Alexandria war eine belebte Enklave, in der Tradition und Innovation aufeinander trafen und in der die Heilige Familie in einem fremden Land Trost und Solidarität finden konnte.

Ägyptens Rolle als Zufluchtsort für die Heilige Familie spiegelt auch seine breitere historische Rolle als Zufluchtsort für diejenigen wider, die vor Verfolgung fliehen. Der reiche kulturelle Teppich Ägyptens, der aus den Fäden verschiedener Zivilisationen gewebt wurde, bot ein einzigartiges Umfeld, in dem die Flüchtlinge sowohl ihre kulturelle Identität bewahren als auch sich an neue Einflüsse anpassen konnten. Während die Heilige Familie ihren jüdischen Glauben und ihre Praktiken beibehielt, traf sie auf eine lebendige und vielfältige Gesellschaft, die ihre Erfahrungen im Exil unauslöschlich prägte.

Die Rückkehr nach Nazareth: Navigation durch politische und soziale Realitäten

Die Entscheidung, nach dem Tod des Herodes nach Nazareth zurückzukehren, wurde auch durch den politischen Kontext beeinflusst. Archelaus, der Sohn des Herodes, regierte Judäa mit einem ähnlich repressiven Ansatz, was es für die Heilige Familie unsicher machte, nach Bethlehem zurückzukehren. Stattdessen ließen sie sich in Nazareth in der Region Galiläa nieder, das unter der milderen Herrschaft von Herodes Antipas, einem anderen Sohn des Herodes, stand. Dieser Umzug ermöglichte es ihnen, ihr Leben in einer sichereren und stabileren Umgebung neu zu gestalten. Nazareth, ein kleines und relativ unscheinbares Dorf, bot der Heiligen Familie die Anonymität und Sicherheit, die sie brauchte, um Jesus vor den neugierigen Augen der politischen Macht aufzuziehen.

Galiläa war zwar weit entfernt von den Machtzentren in Jerusalem, aber dennoch eine Region von strategischer Bedeutung. Hier kreuzten sich die Handelswege, es war ein Schmelztiegel der Kulturen und eine Brutstätte politischer und sozialer Unruhe. Die jüdische Bevölkerung in Galiläa war für ihr ausgeprägtes Identitätsbewusstsein und ihren Widerstand gegen äußere Einflüsse bekannt - eine Eigenschaft, die sich später in den Lehren und Handlungen Jesu widerspiegeln sollte. Die Entscheidung, sich in Nazareth niederzulassen, war daher nicht nur eine Frage der Sicherheit, sondern auch eine strategische Entscheidung, die Jesus in einer Gemeinschaft positionierte, die tief in der jüdischen Tradition verwurzelt und dennoch einer Vielzahl kultureller Einflüsse ausgesetzt war.

Sozioökonomische Bedingungen: Leben in einer überwiegend agrarischen Gesellschaft

Um den historischen Kontext von Jesu Flüchtlingsstatus zu verstehen, muss man auch die breiteren sozioökonomischen Bedingungen der damaligen Zeit untersuchen. Der Nahe Osten des ersten Jahrhunderts war überwiegend agrarisch geprägt, und die meisten Menschen waren in der Landwirtschaft, im Fischfang und im Kleinhandel tätig. Die wirtschaftlichen Ungleichheiten waren ausgeprägt, wobei die wohlhabende Elite erhebliche Privilegien genoss, während die Mehrheit der Bevölkerung in relativer Armut lebte. Die ländliche Landschaft Galiläas mit ihren sanften Hügeln und fruchtbaren Tälern beherbergte eine Bevölkerung, die ihren Lebensunterhalt durch harte Arbeit bestritt und eng mit dem Land und den Rhythmen der Natur verbunden war.

Die wirtschaftlichen Herausforderungen der damaligen Zeit wurden durch die hohen Steuern, die sowohl von den römischen Behörden als auch von der herodianischen Dynastie erhoben wurden, noch verschärft. Diese Steuern wurden häufig von lokalen Beamten eingezogen, die für ihre Korruption und Brutalität berüchtigt waren. Die Last dieser Steuern trieb viele Familien in die Verschuldung und ins Elend und zwang sie, ihr Land zu verkaufen und unter immer härteren Bedingungen zu arbeiten. Das soziale Gefüge der galiläischen Gesellschaft war daher von wirtschaftlicher Not, sozialer Ungleichheit und einem wachsenden Gefühl der Ungerechtigkeit geprägt.

Das religiöse Leben spielte eine zentrale Rolle im täglichen Leben der Menschen. Das Judentum mit seinen reichen Traditionen und Ritualen bot einen Rahmen für Gemeinschaft und Identität. Die Synagoge war ein Brennpunkt des religiösen und sozialen Lebens, der inmitten der Unsicherheiten der Zeit ein Gefühl der Zugehörigkeit und Kontinuität vermittelte. Für die Heilige Familie war ihr jüdischer Glaube eine Quelle der Kraft und der Orientierung auf ihrer Reise durch die Vertreibung und die Rückkehr. Die Rituale, Feste und Lehren des Judentums boten ein stabiles Fundament für Jesus, der in einer Welt voller Unsicherheit und Veränderungen aufwuchs.

Theologische Überlegungen: Die Bedeutung der Erfahrung Jesu als Flüchtling

In diesem historischen Kontext gewinnt die Erfahrung Jesu als Flüchtling eine tiefere Bedeutung. Sie unterstreicht die Verletzlichkeit und Widerstandsfähigkeit der Heiligen Familie, die sich durch die Komplexität von politischer Unterdrückung, sozialer Vertreibung und wirtschaftlicher Not durchschlägt. Ihre Geschichte ist eine eindrucksvolle Erinnerung an die menschliche Fähigkeit, Widrigkeiten zu ertragen und zu überwinden und dabei Kraft aus dem Glauben und der Gemeinschaft zu schöpfen. Die Flüchtlingserfahrung der Heiligen Familie ist nicht nur eine Kulisse für das Leben Jesu; sie ist ein zentrales Thema, das seine Identität, seine Lehren und seine Mission geprägt hat.

Der historische Kontext verdeutlicht auch die Parallelen zwischen den Erfahrungen der Heiligen Familie und denen der heutigen Flüchtlinge. Die politische Instabilität, die Gewalt und die Verfolgung, die die Heilige Familie zwangen, aus ihrer Heimat zu fliehen, spiegeln sich in den Geschichten unzähliger Flüchtlinge von heute wider. Dieselben Kräfte der Angst, des Hasses und der Macht, die Herodes' Handeln antrieben, vertreiben auch heute noch Millionen von Menschen auf der ganzen Welt. Wenn wir den historischen Kontext verstehen, können wir die anhaltende Bedeutung der Flüchtlingserfahrung Jesu und ihre Auswirkungen auf unsere Reaktion auf die Flüchtlingskrise in unserer Zeit besser einschätzen.

Die Erfahrung Jesu als Flüchtling spricht die allgemeine menschliche Situation an - die Sehnsucht nach Sicherheit, den Schmerz der Vertreibung und die Hoffnung auf eine bessere Zukunft. Sie fordert uns heraus, in jedem Flüchtling das Antlitz Christi zu sehen, mit Mitgefühl zu reagieren und uns für Gerechtigkeit einzusetzen. Der historische Kontext des Flüchtlingsstatus Jesu fordert uns auf, darüber nachzudenken, wie wir als Einzelne und als Gesellschaft den Vertriebenen Zuflucht und Hoffnung bieten können.

Schlussfolgerung: Die Verbindung von Vergangenheit und Gegenwart

Während wir das Leben von Jesus Christus, dem Flüchtling, weiter erforschen, werden wir uns in den folgenden Kapiteln mit den modernen Parallelen, den theologischen Überlegungen und den praktischen Reaktionen befassen, die diese Erzählung anregt. Auf diese Weise können wir unser Verständnis für die Zusammenhänge zwischen

JESUS-CHRISTUS, DER FLÜCHTLING!

Glaube, Vertreibung und dem Ruf nach Gerechtigkeit vertiefen und uns inspirieren lassen, eine mitfühlendere und integrativere Welt zu schaffen. Der historische Kontext des Flüchtlingsstatus Jesu ist nicht nur von akademischem Interesse, sondern auch ein Aufruf zum Handeln, der uns dazu drängt, auf die Bedürfnisse der Flüchtlinge heute mit demselben Mut, Mitgefühl und Glauben zu reagieren, der die Heilige Familie auf ihrer Reise durch Exil und Rückkehr geleitet hat.

Kapitel 6: Moderne Parallelen: Flüchtlinge heute

Die Geschichte von Jesus als Flüchtling hat eine starke Resonanz auf die Erfahrungen von Millionen von Menschen auf der ganzen Welt heute. In diesem Kapitel erforschen wir die modernen Parallelen zur Flucht der Heiligen Familie nach Ägypten und untersuchen die Ursachen, Herausforderungen und Reaktionen im Zusammenhang mit den heutigen Flüchtlingskrisen. Indem wir Verbindungen zwischen der Vergangenheit und der Gegenwart herstellen, können wir ein tieferes Verständnis für die anhaltende Notlage der Flüchtlinge und die dringende Notwendigkeit barmherzigen Handelns gewinnen.

Die globale Flüchtlingskrise: Eine humanitäre Notlage

Die weltweite Flüchtlingskrise ist heute eines der dringendsten humanitären Probleme unserer Zeit. Nach Angaben des Hohen Flüchtlingskommissars der Vereinten Nationen (UNHCR) sind weltweit über 26 Millionen Menschen auf der Flucht, und Millionen weitere sind in ihren eigenen Ländern auf der Flucht. Diese Menschen sind aufgrund von Konflikten, Verfolgung und Menschenrechtsverletzungen gezwungen, aus ihrer Heimat zu fliehen und in fremden Ländern Schutz und Sicherheit zu suchen. Das Ausmaß dieser Krise ist erschütternd: Ganze Gemeinschaften wurden entwurzelt, Leben zerstört, und die Zukunft ist ungewiss.

Konflikte sind nach wie vor eine der Hauptursachen für Vertreibung. Kriege in Syrien, Afghanistan, dem Südsudan und anderen Regionen haben zu massiven Bevölkerungsbewegungen geführt, da die Menschen vor der Gewalt fliehen und Zuflucht in Nachbarländern oder in weiter entfernten Ländern suchen. Die Auswirkungen dieser Konflikte sind verheerend und führen zum Verlust von Menschenleben, zur Zerstörung der Infrastruktur und zu langfristigen sozioökonomischen Herausforderungen sowohl für Flüchtlinge als auch für die Aufnahmegemeinschaften. Die Bilder von Familien, die mit ihren Kindern und wenigen Habseligkeiten durch vom Krieg zerrüttete Landschaften stapfen, sind eine eindringliche Erinnerung an die Schrecken, die Menschen aus ihrer Heimat vertreiben.

Verfolgung aufgrund von ethnischer Zugehörigkeit, Religion oder politischen Überzeugungen ist eine weitere wichtige Ursache für Vertreibung. Religiöse Minderheiten, politische Dissidenten und ethnische Gruppen sind oft systematischer Diskriminierung und Gewalt ausgesetzt, was sie dazu zwingt, in sichereren Gebieten Asyl zu suchen. Die Flucht der Heiligen Familie nach Ägypten, um Herodes' Dekret zu entkommen, spiegelt die Erfahrungen derjenigen wider, die vor der Verfolgung in der heutigen Zeit fliehen und Zuflucht vor unterdrückerischen Regimen und extremistischen Gruppen suchen. Das Echo der Tyrannei des Herodes ist in den Handlungen heutiger Despoten zu hören, die ihre Macht mit der gleichen brutalen Missachtung des menschlichen Lebens ausüben.

Auch Umweltfaktoren tragen zunehmend zur Vertreibung bei. Der Klimawandel und die damit einhergehenden Naturkatastrophen haben Millionen Menschen gezwungen, ihre Heimat zu verlassen. Der steigende Meeresspiegel, schwere Dürren und katastrophale Stürme haben bestimmte Gebiete unbewohnbar gemacht und zu Klimaflüchtlingen geführt, die anderswo Schutz suchen müssen. Diese Umweltdimension verleiht der Flüchtlingskrise eine neue Komplexität, da die Welt mit dem Zusammentreffen von Umweltzerstörung und menschlicher Verwundbarkeit zu kämpfen hat.

Die gefahrvolle Reise: Risiken und Resilienz

Die Reise eines Flüchtlings ist mit vielen Gefahren verbunden. Viele nehmen gefährliche Routen auf sich, durchqueren Wüsten, Berge und Meere, um in Sicherheit zu gelangen. Auf diesen Reisen werden sie oft von Menschenhändlern ausgebeutet, sind den rauen Elementen ausgesetzt und ständig von Gewalt bedroht. Tragischerweise verlieren viele Flüchtlinge ihr Leben bei dem Versuch, sich in Sicherheit zu bringen, was die verzweifelten Umstände verdeutlicht, die sie dazu bringen, solche Risiken einzugehen. Das Mittelmeer mit seinen tückischen Gewässern ist zum Friedhof für Tausende von Flüchtlingen geworden, die auf ihrer Suche nach einem neuen Leben ertrunken sind. Jede Überfahrt ist ein Spiel mit dem Schicksal, bei dem das Überleben auf dem Spiel steht und der Preis dafür oft der Tod ist.

Die Widerstandsfähigkeit der Flüchtlinge angesichts solch überwältigender Widrigkeiten ist schlichtweg außergewöhnlich. Trotz der Gefahren machen sie weiter, angetrieben von der Hoffnung auf eine bessere Zukunft. Die Geschichten derjenigen, die diese erschütternden Reisen überleben, sind Zeugnisse der Stärke des menschlichen Geistes. Diese Menschen überleben nicht nur, sie halten durch, passen sich an und versuchen, ihr Leben aus der Asche der Zerstörung wieder aufzubauen. Ihre Unverwüstlichkeit ist ein Leuchtfeuer der Hoffnung in einer Welt, in der die Verzweiflung oft das Bild zu beherrschen scheint.

An ihrem Zielort angekommen, sehen sich die Flüchtlinge mit zusätzlichen Herausforderungen konfrontiert. Rechtliche Hindernisse, mangelnder Zugang zu grundlegenden Dienstleistungen und soziale Diskriminierung sind häufige Probleme, mit denen Flüchtlinge in den Aufnahmeländern konfrontiert werden. Trotz des internationalen Rechtsrahmens, der ihre Rechte schützen soll, haben viele Flüchtlinge Schwierigkeiten, einen Rechtsstatus, eine Arbeitserlaubnis und Zugang zu Bildung und Gesundheitsversorgung zu erhalten. Diese Hindernisse können zu langen Perioden der Unsicherheit und Not führen. In einigen Fällen sind die Flüchtlinge in einem rechtlichen

Schwebezustand gefangen, in dem sie weder vorankommen noch nach Hause zurückkehren können, da ihr Leben in einem Zustand des ständigen Wartens verharrt.

Die psychologischen Auswirkungen der Vertreibung sind tiefgreifend. Die Flüchtlinge leiden oft unter dem Trauma der Gewalt und Verfolgung, vor der sie geflohen sind, was durch den Stress der Reise und die Herausforderungen der Anpassung an eine neue Umgebung noch verstärkt wird. Der Verlust von Heimat, Gemeinschaft und Identität kann zu Gefühlen der Isolation, Depression und Ängsten führen. Psychosoziale Unterstützung und Programme zur Integration in die Gemeinschaft sind von entscheidender Bedeutung, wenn es darum geht, den Flüchtlingen zu helfen, ihr Leben wieder aufzubauen und ein Gefühl der Stabilität zu erlangen. Der Zugang zu solcher Unterstützung ist jedoch oft begrenzt, insbesondere in überlasteten Flüchtlingslagern, wo die Ressourcen knapp sind.

Die Reaktion der internationalen Gemeinschaft: Mitgefühl und Herausforderungen

Die Reaktion der internationalen Gemeinschaft auf die Flüchtlingskrise ist vielfältig. Humanitäre Organisationen wie das UNHCR leisten den Flüchtlingen wichtige Unterstützung, indem sie Unterkünfte, Nahrungsmittel, medizinische Versorgung und Rechtsbeistand anbieten. Diese Organisationen setzen sich auch für die Rechte und die Würde der Flüchtlinge ein und arbeiten dafür, dass sie Schutz und Chancen auf eine bessere Zukunft erhalten. Die Arbeit dieser Organisationen ist lebenswichtig und oft der einzige Rettungsanker für Menschen, die alles verloren haben. Das Ausmaß der Krise übersteigt jedoch oft die verfügbaren Ressourcen, was zu Lücken in der Hilfe und im Schutz führt.

Die Aufnahmeländer spielen eine entscheidende Rolle bei der Bereitstellung von Zuflucht und Unterstützung für Vertriebene. Einige Länder haben außergewöhnliche Gastfreundschaft bewiesen, indem sie ihre Grenzen geöffnet und den Flüchtlingen Ressourcen zur Verfügung gestellt haben. Länder wie Deutschland, Uganda und Kanada haben bedeutende Schritte unternommen, um Flüchtlinge aufzunehmen, sie in ihre Gesellschaft zu integrieren und ihnen die Möglichkeit zu geben, sich ein neues Leben aufzubauen. Diese Beispiele sind Leuchttürme der Hoffnung in einer Welt, in der Fremdenfeindlichkeit und Nationalismus oft die Flüchtlingspolitik bestimmen.

Andere Länder hingegen haben eine restriktive Politik verfolgt und den Zugang zu Asyl und grundlegenden Dienstleistungen eingeschränkt. Die unterschiedlichen Reaktionen unterstreichen die Notwendigkeit eines besser koordinierten und mitfühlenderen globalen Ansatzes für den Flüchtlingsschutz. In einigen Fällen wird Flüchtlingen mit Feindseligkeit und Gewalt begegnet, ihre Anwesenheit wird eher als Bedrohung denn als Hilferuf angesehen. Diese Polarisierung spiegelt die umfassenderen politischen und sozialen Spannungen wider, in denen sich Flüchtlinge oft wiederfinden, als Symbole in größeren Debatten über nationale Identität, Sicherheit und Globalisierung.

Auch Glaubensgemeinschaften spielen bei der Unterstützung von Flüchtlingen eine wichtige Rolle. Religiöse Organisationen bieten oft lebenswichtige Hilfe an, darunter Nahrungsmittel, Unterkünfte und Programme zur Integration in die Gemeinschaft. Der biblische Auftrag, „den Fremden zu lieben", fordert die Glaubensgemeinschaften auf, Gastfreundschaft und Mitgefühl für die Bedürftigen zu zeigen. Das Beispiel Jesu, der die Verletzlichkeit des Exils erfahren hat, fordert die Gläubigen auf, in den Flüchtlingen das Antlitz Christi zu sehen und mit Empathie und Solidarität zu handeln. Glaubensbasierte Organisationen stehen oft an vorderster Front der Flüchtlingshilfe, motiviert durch ihre spirituellen Lehren, Hilfe anzubieten und für Gerechtigkeit einzutreten.

Die moralischen und ethischen Implikationen der Flüchtlingskrise sind tiefgreifend. Die Entscheidung, Asylsuchende aufzunehmen oder abzulehnen, ist nicht nur eine politische Entscheidung, sondern spiegelt unsere kollektive Menschlichkeit wider. Die Art und Weise, wie wir auf das Leiden anderer reagieren, sagt etwas über die Werte aus, die uns wichtig sind, und über die Art von Welt, die wir schaffen wollen. Die Flüchtlingskrise ist ein Lackmustest für unser Mitgefühl, unser Engagement für Gerechtigkeit und unsere Bereitschaft, denen, die in verzweifelter Not sind, die Hand zu reichen.

Nachdenken über moderne Parallelen: Lehren aus der Vergangenheit, Herausforderungen für die Zukunft

Wenn wir über die modernen Parallelen zur Flüchtlingserfahrung Jesu nachdenken, werden wir an die anhaltende Relevanz seiner Geschichte erinnert. Die Themen Vertreibung, Widerstandsfähigkeit und Hoffnung, die die Reise der Heiligen Familie kennzeichneten, finden sich auch im Leben der heutigen Flüchtlinge wieder. So wie die Heilige Familie vor der Tyrannei des Herodes floh, fliehen moderne Flüchtlinge vor der Tyrannei von Kriegsherren, Diktatoren und dem Zusammenbruch der Umwelt. Obwohl ihre Wege durch Jahrtausende getrennt sind, haben sie den gleichen Kern - die Suche nach Sicherheit, Würde und der Möglichkeit eines neuen Lebens.

Wenn wir diese Parallelen verstehen, können wir mehr Empathie und Mitgefühl für diejenigen entwickeln, die gezwungen sind, aus ihrer Heimat zu fliehen. Die Geschichte von Jesus als Flüchtling lädt uns ein, über die Schlagzeilen hinauszublicken, die Menschlichkeit der Vertriebenen zu erkennen und mit der Liebe und Solidarität zu reagieren, die wahre Nachfolge kennzeichnen. Sie fordert uns heraus, darüber nachzudenken, was es bedeutet, einem Erlöser zu folgen, der selbst ein Flüchtling war, und wie diese Identität unsere Reaktion auf die Flüchtlinge von heute prägt.

Während wir das Leben von Jesus Christus, dem Flüchtling, weiter erforschen, werden wir uns in den folgenden Kapiteln mit den theologischen Überlegungen und praktischen Antworten befassen, die diese Erzählung anregt. Auf diese Weise können wir unser Verständnis der Zusammenhänge zwischen Glaube, Vertreibung und dem Ruf nach Gerechtigkeit vertiefen und uns dazu inspirieren, eine mitfühlendere und integrativere Welt zu schaffen. Die Lehren aus der Vergangenheit sind nicht nur historische Fußnoten; sie sind Leitprinzipien, die uns helfen können, die Komplexität der Gegenwart zu bewältigen und eine Zukunft aufzubauen, in der alle Menschen in Frieden und Sicherheit leben können.

Schlussfolgerung: Ein Aufruf zu mitfühlendem Handeln

Die Flüchtlingskrise ist nicht nur eine Herausforderung, die es zu bewältigen gilt; sie ist ein Aufruf zum Handeln, eine Forderung nach einer Antwort, die in Mitgefühl, Gerechtigkeit und Solidarität verwurzelt ist. Die Geschichte von Jesus als Flüchtling erinnert uns eindringlich daran, dass die Notlage der Flüchtlinge nicht nur ein weit entferntes Problem ist, sondern ein zutiefst persönliches, das mit dem Kern unseres Glaubens und unserer Menschlichkeit verwoben ist. Indem wir auf diese Krise mit Empathie und praktischer Unterstützung reagieren, können wir das Vermächtnis der Heiligen Familie ehren und zu einer Welt beitragen, in der alle Menschen, unabhängig von ihrer Herkunft, Sicherheit, Würde und Hoffnung finden können.

Kapitel 7: Glaube und Vertreibung

Die Erfahrung der Vertreibung ist eine tiefgreifende und herausfordernde Reise, die die Grenzen der menschlichen Ausdauer und des Glaubens testet. Für viele Flüchtlinge wird der Glaube zu einer lebenswichtigen Quelle der Stärke und Widerstandsfähigkeit, die inmitten der Ungewissheit des Exils Hoffnung und Orientierung bietet. In diesem Kapitel gehen wir der Frage nach, wie Glaube und Vertreibung zusammenhängen, und untersuchen, wie spirituelle Überzeugungen und Praktiken Flüchtlinge unterstützen und ihre Erfahrungen prägen.

Die Rolle des Glaubens in Zeiten der Vertreibung: Eine historische Perspektive

Der Glaube hat im Leben von Vertriebenen schon immer eine zentrale Rolle gespielt. Im Laufe der Geschichte haben sich Einzelpersonen und Gemeinschaften an ihre religiösen Traditionen gewandt, um Trost, Sinn und ein Gefühl der Verbundenheit mit etwas Größerem als sich selbst zu finden. Dies gilt insbesondere für Flüchtlinge, die oft mit immensen Entbehrungen und dem Trauma des Verlusts ihrer Heimat und ihrer Angehörigen konfrontiert sind. Die Vorstellung vom Glauben als Zufluchtsort, als Zufluchtsort inmitten der Unruhen, findet in den verschiedenen Kulturen und Religionen großen Widerhall. Ob in den Psalmen Davids, den Mantras des Hinduismus oder den Gebeten des Islam - spirituelle Praktiken haben denjenigen, deren Leben aus den Fugen geraten ist, ein Fundament der Stärke und Kontinuität geboten.

Für die Heilige Familie war ihr jüdischer Glaube ein wesentlicher Bestandteil ihrer Identität und ihres täglichen Lebens. Er bot einen Rahmen für das Verständnis ihrer Erfahrungen und eine Quelle der Kraft während ihrer Zeit im Exil. Die Rituale, Gebete und Lehren des Judentums gaben ihnen Halt und vermittelten ihnen ein Gefühl von Kontinuität und Stabilität inmitten der Umwälzungen der Vertreibung. Das Einhalten des Sabbats, das Rezitieren des Schma und die Einhaltung der Speisegesetze waren nicht nur religiöse Verpflichtungen, sondern auch ein Akt der kulturellen Bewahrung und der persönlichen Widerstandsfähigkeit. Diese Praktiken verbanden sie mit ihren Vorfahren, ihrer Gemeinschaft und ihrem Gott und gaben ihnen Halt in einer Welt, die auf gefährliche Weise unberechenbar geworden war.

Das Wirken Jesu: Ein Spiegelbild von Verdrängung und Marginalisierung

Die Geschichte von Jesu Leben und Wirken ist eng mit den Themen Vertreibung und Marginalisierung verwoben. Von seiner Geburt in einer bescheidenen Krippe bis zu seiner Flucht nach Ägypten und seinem Dienst unter den Armen und Unterdrückten identifizierte sich Jesus stets mit den Menschen am Rande der Gesellschaft. Seine Lehren betonten Mitgefühl, Gerechtigkeit und die jedem Menschen innewohnende Würde, unabhängig von seinen Lebensumständen. Die Seligpreisungen, in denen die Armen, die Sanftmütigen und diejenigen, die nach Gerechtigkeit hungern, gesegnet werden, sind ein tiefer Ausdruck dieser Identifikation mit den Vertriebenen und Ausgegrenzten. Das Leben Jesu war eine ständige Reise durch die Randgebiete der Gesellschaft - ob in der Wüste, in den kleinen Dörfern Galiläas oder unter den Aussätzigen und Zöllnern.

Die Erfahrung der Vertreibung prägte auch Jesu Verständnis von Gott und seiner Mission. Sie verstärkte sein Mitgefühl für die Schwachen und sein Engagement für die Unterdrückten. Die Identifikation Jesu mit den Vertriebenen und Ausgegrenzten ist eine starke Erinnerung an Gottes Solidarität mit den Leidenden. Sie fordert die Gläubigen auf, in den Flüchtlingen das Antlitz Christi zu sehen und mit Liebe und Mitgefühl zu reagieren. Diese Identifikation ist nicht abstrakt; sie beruht auf den sehr realen Erfahrungen von Armut, Ablehnung und Exil, die Jesus selbst gemacht hat. Es ist diese gelebte Erfahrung, die seiner Botschaft ihre Kraft und Dringlichkeit verleiht und seine Nachfolger dazu auffordert, nicht aus Mitleid, sondern aus einer gemeinsamen Menschlichkeit heraus zu handeln.

Moderne Flüchtlinge: Der Glaube als Quelle der Widerstandsfähigkeit

Für moderne Flüchtlinge ist der Glaube nach wie vor eine wichtige Quelle der Resilienz. Religiöse Überzeugungen und Praktiken bieten Trost, Hoffnung und ein Gefühl der Gemeinschaft. Viele Flüchtlinge wenden sich dem Gebet, der Heiligen Schrift und religiösen Ritualen zu, um Trost und Kraft zu finden. In den Flüchtlingslagern in Jordanien beispielsweise versammeln sich muslimische Familien zu täglichen Gebeten und suchen inmitten der Ungewissheit ihres Lebens Trost in den vertrauten Rhythmen ihres Glaubens. In christlichen Gemeinschaften bietet das Beten des Vaterunsers oder das Lesen der Psalmen ein Gefühl von Kontinuität und Hoffnung, selbst wenn alles andere auseinander zu fallen scheint. Glaubensgemeinschaften sind oft eine wichtige Stütze und bieten Ressourcen, soziale Kontakte und ein Gefühl der Zugehörigkeit.

Die Rolle des Glaubens im Leben von Flüchtlingen ist vielschichtig. Er bietet einen Rahmen für das Verständnis von Leid und Verlust und vermittelt inmitten des Chaos der Vertreibung ein Gefühl von Sinn und Bedeutung. Glaubensgeschichten - ob es sich um den Exodus der Israeliten, die Hijra des Propheten Mohammed oder die Passion Christi handelt - bieten einen Kontext, in den Flüchtlinge ihre eigenen Erfahrungen einordnen können, indem sie ihre Kämpfe als Teil einer größeren, sinnvollen Reise sehen. Er fördert auch die Widerstandsfähigkeit und ermutigt den Einzelnen, trotz aller

Widrigkeiten durchzuhalten und die Hoffnung nicht aufzugeben. Der Glaube kann eine Quelle der Heilung sein, indem er Flüchtlingen hilft, Traumata zu verarbeiten und ihr Leben neu zu gestalten. Die gemeinschaftlichen Aspekte des Glaubens - das Zusammenkommen zum Gottesdienst, das gemeinsame Essen, die Rituale der Trauer und des Feierns - helfen dabei, das soziale Gefüge wieder aufzubauen, das durch die Vertreibung zerrissen wurde.

Glaubensgestützte Organisationen: Die Kluft zwischen spirituellen und materiellen Bedürfnissen überbrücken

Religiöse Organisationen spielen eine entscheidende Rolle bei der Unterstützung von Flüchtlingen. Sie bieten oft grundlegende Dienste an, darunter Lebensmittel, Unterkünfte, medizinische Versorgung und Rechtsbeistand. Organisationen wie Catholic Relief Services, Islamic Relief und das Jewish Joint Distribution Committee stehen an vorderster Front der Flüchtlingshilfe und bieten nicht nur materielle Unterstützung, sondern auch geistige und emotionale Betreuung. Religiöse Initiativen konzentrieren sich auch auf die Integration in die Gemeinschaft und helfen den Flüchtlingen, soziale Netzwerke aufzubauen und ein Gefühl der Zugehörigkeit in ihrer neuen Umgebung zu finden. Diese Organisationen stützen sich häufig auf ihre religiösen Lehren, um für die Rechte und die Würde von Flüchtlingen einzutreten und diskriminierende Maßnahmen und Praktiken in Frage zu stellen. Sie dienen als Brücke zwischen dem Spirituellen und dem Materiellen und kümmern sich sowohl um die physischen Bedürfnisse der Flüchtlinge als auch um die seelischen Wunden, die die Vertreibung verursachen kann.

Die Überschneidung von Glauben und Vertreibung wirft auch wichtige theologische Fragen auf. Wie verändert sich unser Verständnis von Gott und seiner Beziehung zu den Menschen, wenn wir sie durch die Brille von Flüchtlingserfahrungen betrachten? Was bedeutet es, Jesus als Flüchtling zu sehen, und wie prägt dies unsere Reaktion auf Menschen in Not? Diese Fragen laden zum Nachdenken ein und fordern uns heraus, unser Handeln an den Grundsätzen der Gerechtigkeit, des Mitgefühls und der Gastfreundschaft auszurichten. Das Bild von Gott als Leidensgenosse, als einer, der an der Seite der Vertriebenen geht, ruft uns zu radikalem Einfühlungsvermögen und einem Engagement für Gerechtigkeit auf, das über die Nächstenliebe hinausgeht und nach systemischen Veränderungen strebt.

Die theologischen Implikationen: Ein neues Gottesbild durch die Erfahrung von Flüchtlingen

Wenn wir die Rolle des Glaubens im Leben von Flüchtlingen untersuchen, werden wir an die tiefgreifenden Verbindungen zwischen Spiritualität und Widerstandskraft erinnert. Der Glaube ist eine Quelle der Hoffnung und der Kraft, die den Menschen auch in den schwierigsten Zeiten Halt gibt. Er ruft uns auf, die jedem Menschen innewohnende Würde anzuerkennen und mit Empathie und Handeln zu reagieren. Theologische Überlegungen zum Thema Vertreibung drängen uns dazu, Gott nicht als fernen Aufseher, sondern als aktiven Teilnehmer am Kampf der Menschen um ihr Überleben und ihre Würde zu sehen. Diese neue Sichtweise stellt die traditionellen Vorstellungen von Macht und Göttlichkeit in Frage und bietet stattdessen eine Vision von Gott, die tief mit dem Leben der Schwachen und Vertriebenen verwoben ist.

Während wir uns weiter in das Leben von Jesus Christus, dem Flüchtling, vertiefen, werden wir in den folgenden Kapiteln die Rolle von Familie und Gemeinschaft, die Herausforderungen beim Überleben von Traumata und die Suche nach Identität und Zugehörigkeit untersuchen. Auf diese Weise können wir unser Verständnis für die Zusammenhänge zwischen Glaube, Vertreibung und dem Ruf nach Gerechtigkeit vertiefen und uns inspirieren lassen, eine mitfühlendere und integrativere Welt zu schaffen. Auf dieser Reise geht es nicht nur darum, die Vergangenheit zu verstehen, sondern auch darum, sich mit der Gegenwart auseinanderzusetzen und die Zukunft so zu gestalten, dass sie die Werte des Mitgefühls, der Gerechtigkeit und der Menschenwürde widerspiegelt, die im Zentrum des christlichen Glaubens und in der Tat aller großen religiösen Traditionen stehen.

Kapitel 8: Die Rolle von Familie und Gemeinschaft im Exil

Die Erfahrung des Exils ist eine paradoxe Reise. Sie ist sowohl intensiv persönlich als auch zutiefst kollektiv, eine Dualität, die das Individuum mit dem breiteren Geflecht von Familie und Gemeinschaft verwebt. In diesem Kapitel wird diese komplizierte Beziehung vertieft und aufgezeigt, wie die Bindungen zwischen geliebten Menschen und die Unterstützung durch Gemeinschaften zu Lebensadern im Sturm der Vertreibung werden.

Die Flucht der Heiligen Familie nach Ägypten ist ein starkes Sinnbild für die Prüfungen, die das Exil mit sich bringt. Stellen Sie sich nur einmal die Ungewissheit vor, die Josef und Maria ergriffen haben muss, als sie mit ihrem kleinen Sohn Jesus flohen. Die Angst vor dem Unbekannten, die Sorge, alles Vertraute zurückzulassen - all das wurde durch die unerschütterliche Bindung, die sie teilten, abgefedert. Ihre gemeinsame Stärke, die in der Liebe und im Glauben verwurzelt ist, wurde zum Anker, der ihnen inmitten des Chaos Halt gab. Auf dieses Modell der Widerstandsfähigkeit und Solidarität berufen sich zahllose Flüchtlinge, früher und heute, in ihren dunkelsten Stunden.

Für Flüchtlinge ist die Familie nicht nur eine Quelle des Trostes, sondern auch ein Bollwerk gegen die Erosion der Identität. Angesichts der Vertreibung, bei der alles Bekannte verloren geht, wird die Familie zu einem Hort der Kontinuität. Die kollektiven Entscheidungen, die innerhalb der Familie getroffen werden - ob man flieht, wohin man umgesiedelt wird, wie man überlebt - sind von einem Gefühl der gemeinsamen Verantwortung durchdrungen. Jedes Mitglied spielt eine

Rolle, auch wenn sie noch so klein ist, um das Überleben und Wohlergehen der Gruppe zu sichern. Diese gemeinsame Erfahrung des Exils stärkt die Bindungen, da sich jeder auf die anderen stützt, um emotionale und psychologische Unterstützung zu erhalten.

Nehmen wir zum Beispiel die Geschichte einer syrischen Familie, die nach Jordanien geflohen ist. Ihre Reise war voller Gefahren, aber es war die unerschütterliche Entschlossenheit der Mutter und die stille Stärke des Vaters, die die Familie zusammenhielten. Ihre Kinder, obwohl noch jung, verstanden den Ernst ihrer Lage und halfen, wo sie nur konnten - sie holten Wasser, passten auf ihre jüngeren Geschwister auf oder schenkten ihnen in den dunkelsten Momenten einfach ein Lächeln. Dieser gemeinsame Kampf war zwar erschütternd, vertiefte aber auch die familiären Bande und verwandelte den gemeinsamen Schmerz in eine Quelle gemeinsamer Stärke.

Auch die Gemeinschaft spielt in der Flüchtlingserfahrung eine unverzichtbare Rolle. Im Exil, wo die vertraute Landschaft der Heimat durch fremdes Terrain ersetzt wird, bieten Gemeinschaftsnetzwerke einen Anschein von Stabilität. Diese Netze entstehen oft organisch und wurzeln in einer gemeinsamen Sprache, Religion oder kulturellen Praxis. Sie bieten mehr als nur praktische Hilfe; sie vermitteln ein Gefühl der Zugehörigkeit, eine Erinnerung daran, dass man selbst in einem fremden Land nicht allein ist.

Die jüdische Gemeinde in Ägypten zum Beispiel wäre für die Heilige Familie ein Leuchtfeuer der Hoffnung gewesen. Diese etablierte Diaspora mit ihren Synagogen, Schulen und sozialen Strukturen hätte Josef, Maria und Jesus nicht nur physische Zuflucht, sondern auch geistigen und emotionalen Trost geboten. In dieser Gemeinschaft hätten sie eine Verbindung zu ihrem Heimatland gefunden, eine Verbindung zu den Traditionen und Überzeugungen, die ihre Identität geprägt haben.

In der heutigen Zeit spiegeln die Flüchtlingsgemeinschaften oft dieses alte Modell wider. Religiöse Organisationen, Kulturvereine und

JESUS-CHRISTUS, DER FLÜCHTLING!

Nichtregierungsorganisationen (NRO) springen dort ein, wo die staatlichen Strukturen versagen, bieten wichtige Dienstleistungen an und fördern das Gemeinschaftsgefühl. Diese Organisationen leisten mehr als nur Hilfe; sie schaffen Räume, in denen Flüchtlinge ihr kulturelles Erbe wiederentdecken, ihre Geschichten austauschen und Trost in der Vertrautheit gemeinsamer Erfahrungen finden können.

Die Rolle von Familie und Gemeinschaft im Exil geht jedoch über den physischen und sozialen Bereich hinaus. Die psychologischen Auswirkungen der Vertreibung sind tiefgreifend, und viele Flüchtlinge haben mit Gefühlen von Verlust, Angst und Depression zu kämpfen. Auch hier ist die Unterstützung durch Familie und Gemeinschaft von entscheidender Bedeutung. Die gemeinsamen Rituale, kulturellen Praktiken und religiösen Bräuche, die Familien und Gemeinschaften aufrechterhalten, dienen als Anker in der stürmischen See des Exils. Sie bieten ein Gefühl der Kontinuität, eine Erinnerung daran, wer sie sind und woher sie kommen, selbst wenn sie die Ungewissheiten ihrer neuen Realität meistern.

Nehmen wir den Fall der Rohingya-Flüchtlinge in Bangladesch. In den überfüllten Lagern von Cox's Bazar, wo das Leben ein täglicher Kampf ums Überleben ist, ist das Engagement der Gemeinschaft für die Aufrechterhaltung ihrer religiösen und kulturellen Praktiken ein Rettungsanker gewesen. Trotz der harten Bedingungen versammeln sich die Familien zum Gebet, begehen religiöse Feiertage und geben ihre Traditionen an die jüngere Generation weiter. Diese Kontinuität der Kultur und des Glaubens ist ein entscheidender Puffer gegen die psychische Belastung der Vertreibung und fördert die Widerstandsfähigkeit und Hoffnung angesichts der scheinbar unüberwindbaren Herausforderungen.

Für die Heilige Familie waren ihr Glaube und ihre Gemeinschaft ein wesentlicher Bestandteil ihrer Erfahrungen im Exil. Die Lehren des Judentums hätten einen Rahmen geboten, um ihr Leiden zu verstehen und einen Sinn in ihren Prüfungen zu finden. Die Unterstützung durch die jüdische Gemeinschaft in Ägypten hätte nicht nur materielle Hilfe, sondern auch ein Gefühl der Zugehörigkeit vermittelt und ihnen geholfen, sich in der Komplexität des Lebens in einem fremden Land zurechtzufinden.

Wenn wir über die Rolle der Familie und der Gemeinschaft im Exil nachdenken, werden wir daran erinnert, dass die Vertreibung nicht nur eine physische Reise ist, sondern eine, die mit Beziehungen zu tun hat. Sie ist geprägt von den Banden der Verwandtschaft und der Gemeinschaft, von den gemeinsamen Erfahrungen von Verlust und Widerstandsfähigkeit. Durch die Förderung von unterstützenden Netzwerken und integrativen Gemeinschaften können wir Flüchtlingen helfen, ihr Leben wieder aufzubauen und ein Gefühl der Zugehörigkeit zu finden, selbst unter den schwierigsten Umständen.

In den folgenden Kapiteln werden wir die anhaltenden Auswirkungen von Vertreibung auf Identität und Zugehörigkeit, die psychologischen Narben, die ein Trauma hinterlässt, und die theologischen Implikationen von Jesus als Flüchtling untersuchen. Auf diese Weise wollen wir unser Verständnis für die Zusammenhänge zwischen Glaube, Vertreibung und Gerechtigkeit vertiefen und eine mitfühlendere und integrativere Welt anregen.

Kapitel 9: Überleben von Trauma und Verfolgung

Ein Trauma hinterlässt unauslöschliche Spuren, eine unsichtbare Narbe, die noch lange nach der Heilung der körperlichen Wunden an der Seele haftet. Für viele Flüchtlinge ist der Weg aus dem albtraumhaften Griff von Gewalt und Verfolgung in die ferne Verheißung von Sicherheit alles andere als linear. Es ist ein Labyrinth des Leidens, in dem jede Abzweigung sowohl Gefahr als auch Rettung bedeuten kann. Dieses Kapitel befasst sich mit den komplexen und vielschichtigen Trauma- und Verfolgungserfahrungen von Flüchtlingen, indem es die antike Erzählung von der Heiligen Familie mit den Realitäten der heutigen Zeit verbindet. Es untersucht auch die verschiedenen Wege zur Heilung und Resilienz und hebt die bemerkenswerte Stärke hervor, die den Einzelnen durch seine dunkelsten Stunden trägt.

Die Flucht der Heiligen Familie nach Ägypten, eine Flucht vor dem mörderischen Erlass von König Herodes, ist eine ergreifende Erinnerung an den Terror, der Familien ins Exil treibt. Die schiere Brutalität von Herodes' Befehl, alle männlichen Säuglinge in Bethlehem zu töten, zieht sich wie ein roter Faden durch die Geschichte und ist ein abschreckendes Beispiel dafür, wie Macht ausgeübt werden kann, um Angst und Zerstörung zu säen. Für Josef, Maria und das Jesuskind war der Weg nach Ägypten voller Ungewissheit. Jeder Schritt weg von ihrer Heimat war ein Schritt ins Unbekannte, ein Schritt weg vom Vertrauten, vom Sicheren, vom Heiligen. Diese Erfahrung der erzwungenen Migration, die von einem rücksichtslosen Streben nach Macht angetrieben wurde, hinterließ tiefe emotionale und psychologische Wunden, Narben, die ihren Glauben und ihre Zukunft prägen sollten.

In der heutigen Zeit ist das Trauma von Verfolgung und Vertreibung nicht weniger schwerwiegend. Flüchtlinge sind heute mit einem ganzen Spektrum von Schrecken konfrontiert: ethnische Säuberung, religiöse Verfolgung, politische Unterdrückung und systemische Gewalt. Dies sind keine abstrakten Konzepte, sondern gelebte Realität, die oft unter brutalsten Umständen erlebt wird. Stellen Sie sich das Entsetzen einer syrischen Mutter vor, die zusieht, wie ihr Haus in Schutt und Asche gelegt wird, den Schrecken eines Rohingya-Kindes, das durch dichte Wälder flieht, um der völkermörderischen Gewalt zu entkommen, oder die Verzweiflung eines afghanischen Vaters, der an einem Kontrollpunkt von seiner Familie getrennt wird. Dies sind die Gesichter der modernen Verfolgung, und sie spiegeln das unvorstellbare Leid wider, das Millionen von Menschen dazu treibt, jenseits ihrer Grenzen Zuflucht zu suchen.

Die Auswirkungen eines solchen Traumas sind tiefgreifend und manifestieren sich auf vielfältige Weise. Körperlich tragen viele Flüchtlinge die Narben ihrer Erlebnisse mit sich - sei es durch Verletzungen, die sie sich im Konflikt zugezogen haben, durch Unterernährung während der Flucht oder durch chronische Gesundheitsstörungen, die durch die harte Realität des Flüchtlingslebens noch verschlimmert wurden. Die psychologischen Auswirkungen sind ebenso verheerend. Posttraumatische Belastungsstörungen (PTSD), Depressionen, Angstzustände und ein allgegenwärtiges Gefühl der Hoffnungslosigkeit sind unter den Flüchtlingen weit verbreitet. Der ständige Stress des Überlebens, gepaart mit der Orientierungslosigkeit des Exils, verschlimmert diese psychischen Probleme und schafft einen Teufelskreis, der nur schwer zu durchbrechen ist.

Dennoch gibt es in diesem Meer des Leidens eine unglaubliche Quelle der Widerstandsfähigkeit. Das Überleben von Trauma und Verfolgung erfordert eine Stärke, die allen Widrigkeiten trotzt, eine Stärke, die oft im Glauben, in der Kultur und in der Gemeinschaft verwurzelt ist. Für viele Flüchtlinge bieten religiöse Überzeugungen und Rituale einen entscheidenden Rahmen für das Verständnis und die Bewältigung ihres Leidens. Die Geschichte der Heiligen Familie, die sich während ihrer Zeit im Exil auf ihren Glauben und einander verließ, ist eine eindringliche Erinnerung an die Bedeutung spiritueller und emotionaler Unterstützung. Auf ihrer Flucht nach Ägypten hätten sie in den Lehren ihres Glaubens Trost gefunden, eine Quelle der Hoffnung, die sie durch die dunkelsten Zeiten trug.

Auch in modernen Kontexten ist dieses Vertrauen in den Glauben offensichtlich. Denken Sie an die Erfahrungen der jesidischen Frauen, die die Schrecken der ISIS-Gefangenschaft überlebt haben. Ihr Glaube wurde, obwohl er bis an seine Grenzen geprüft wurde, zu einem Leuchtfeuer der Hoffnung. Durch Gebete, Rituale und die Unterstützung der Gemeinschaft fanden viele die Kraft, ihr Leben zurückzuerobern und aus der Asche ihres Traumas wieder aufzubauen. In ähnlicher Weise dienen die kulturellen Praktiken der tibetischen Flüchtlinge in Indien als lebenswichtige Verbindung zu ihrem Heimatland, als Mittel zur Bewahrung ihrer Identität und zur Förderung der Widerstandsfähigkeit angesichts der anhaltenden Verfolgung.

Die Wege zur Heilung von Flüchtlingen sind so unterschiedlich wie die Menschen selbst. Psychosoziale Dienste, einschließlich Beratung und Therapie, sind von entscheidender Bedeutung, wenn es darum geht, Flüchtlingen zu helfen, ihr Trauma zu verarbeiten und den langen Weg des Wiederaufbaus ihres Lebens zu beginnen. Diese Dienste müssen jedoch kultursensibel sein und berücksichtigen, dass westliche Therapiemodelle nicht bei allen Flüchtlingsgruppen Anklang finden. Traditionelle Heilpraktiken, Unterstützung durch die

Gemeinschaft und spirituelle Begleitung spielen oft eine wichtige Rolle im Heilungsprozess. In einigen Fällen haben sich Gruppentherapiesitzungen, in denen Flüchtlinge ihre Erfahrungen austauschen und sich gegenseitig unterstützen, als wirksam erwiesen, um Heilung und Resilienz zu fördern.

Die Integration in die Gemeinschaft ist eine weitere entscheidende Komponente der Heilung. Für Flüchtlinge kann das Gefühl der Isolation, das oft mit dem Exil einhergeht, genauso schädlich sein wie das Trauma selbst. Der Aufbau von Verbindungen zu anderen, die ähnliche Erfahrungen gemacht haben, fördert das Gefühl der Zugehörigkeit und der gegenseitigen Unterstützung. Gemeinschaftsorganisationen, religiöse Gruppen und kulturelle Vereinigungen bieten Raum für soziale Interaktion, kulturellen Ausdruck und kollektive Heilung. Diese Netzwerke helfen den Flüchtlingen, ihre Identität wiederherzustellen, ihre Traditionen zu bewahren und ein Gefühl der Stabilität in einer ansonsten instabilen Welt zu finden.

Bildungs- und Wirtschaftschancen spielen ebenfalls eine wichtige Rolle für die Heilung und Widerstandsfähigkeit von Flüchtlingen. Der Zugang zu Bildung vermittelt den Flüchtlingen die Kenntnisse und Fähigkeiten, die sie benötigen, um sich in ihrer neuen Umgebung zurechtzufinden, und eröffnet ihnen Wege zu Beschäftigung und Selbstversorgung. Wirtschaftliche Stabilität bildet die Grundlage für den Wiederaufbau des Lebens und fördert das Gefühl von Handlungsfähigkeit und Hoffnung für die Zukunft. Nehmen wir das Beispiel eines südsudanesischen Flüchtlings, der nach Jahren der Vertreibung seine Ausbildung abschließen und in seinem Gastland einen Arbeitsplatz finden konnte. Diese wirtschaftliche Stabilität ermöglichte es ihr nicht nur, ihre Familie zu unterstützen, sondern gab ihr auch das Selbstvertrauen, sich für andere in ihrer Gemeinschaft einzusetzen.

JESUS-CHRISTUS, DER FLÜCHTLING!

Fürsprache und Bemühungen um soziale Gerechtigkeit sind wichtig, um die Ursachen von Trauma und Verfolgung zu bekämpfen. Indem sie diskriminierende Maßnahmen in Frage stellen, die Menschenrechte fördern und sich für den Schutz von Flüchtlingen einsetzen, können Einzelpersonen und Organisationen einen Systemwandel herbeiführen, der das Wohlergehen und die Würde von Flüchtlingen unterstützt. Das Beispiel Jesu, der sich stets für die Ausgegrenzten und Unterdrückten einsetzte, inspiriert uns dazu, uns für die Leidenden einzusetzen. Es gibt unzählige Möglichkeiten, sich mit Flüchtlingen zu solidarisieren und zu ihrer Heilung und Widerstandsfähigkeit beizutragen, sei es durch Aktivismus an der Basis, durch Rechtsbeistand oder durch humanitäre Arbeit.

Wenn wir über die Erfahrungen von Trauma und Verfolgung nachdenken, werden wir an die enorme Widerstandskraft und Stärke von Flüchtlingen erinnert. Trotz der immensen Herausforderungen, mit denen sie konfrontiert sind, finden viele von ihnen Wege zum Überleben, zur Heilung und zum Wiederaufbau ihres Lebens. Ihre Geschichten sind ein Zeugnis für die bleibende Kraft des Glaubens, der Gemeinschaft und der Hoffnung. Während wir das Leben von Jesus Christus, dem Flüchtling, weiter erforschen, werden wir uns in den folgenden Kapiteln mit der Suche nach Identität und Zugehörigkeit, den theologischen Implikationen von Jesus als Flüchtling und den umfassenderen sozialen und gerechten Reaktionen auf die Flüchtlingskrise befassen. Auf diese Weise können wir unser Verständnis für die Zusammenhänge zwischen Glaube, Vertreibung und dem Ruf nach Gerechtigkeit vertiefen und uns dazu inspirieren, eine mitfühlendere und integrativere Welt zu schaffen.

Kapitel 10: Identität und Zugehörigkeit

Identität ist mehr als ein Name, ein Geburtsort oder eine Reihe kultureller Praktiken - sie ist die Essenz dessen, was wir sind, ein komplizierter Wandteppich, der aus unseren Erfahrungen, Überzeugungen und Beziehungen gewebt ist. Für Flüchtlinge zerreißt das Trauma der Vertreibung diesen Wandteppich und hinterlässt ausgefranste Ränder und fragmentierte Stücke. Die Reise von der Heimat zum Exil und in manchen Fällen zur Wiederansiedlung ist nicht nur ein physischer Übergang, sondern eine tiefgreifende psychologische und emotionale Umwälzung. Sie zwingt den Einzelnen, sich mit komplexen Fragen darüber auseinanderzusetzen, wer er ist, wo er hingehört und wie er seine Vergangenheit mit seiner ungewissen Gegenwart und Zukunft in Einklang bringen kann.

Die Flucht der Heiligen Familie nach Ägypten und die anschließende Rückkehr nach Nazareth verdeutlicht die Spannung zwischen Vertreibung und Heimkehr. Stellen Sie sich für einen Moment die verwirrende Erfahrung von Josef, Maria und dem Jesuskind vor - entwurzelt aus ihrer vertrauten Umgebung, gestoßen in ein fremdes Land, dessen Sprache, Bräuche und Alltagsrhythmen ihnen fremd waren. Ihre Reise war mehr als eine physische Flucht vor der Gefahr; es war eine Reise ins Unbekannte, eine Konfrontation mit der Realität des „Andersseins". Diese Erfahrung, Fremde in einem fremden Land zu sein, hat ihr Gefühl für Identität und Zugehörigkeit unauslöschlich geprägt und die späteren Lehren Jesu über Mitgefühl, Integration und Gerechtigkeit beeinflusst.

JESUS-CHRISTUS, DER FLÜCHTLING!

Für viele Flüchtlinge erschüttert die Vertreibung den Kern ihrer Identität. Der Verlust von Heimat, Gemeinschaft und kulturellem Kontext kann zu Gefühlen der Desorientierung und Fragmentierung führen. In den chaotischen Umwälzungen des Exils haben Flüchtlinge oft mit dem doppelten Druck zu kämpfen, ihr kulturelles Erbe zu bewahren und sich gleichzeitig an die Normen ihrer Gastländer anzupassen. Dieser heikle Balanceakt ist mit Herausforderungen verbunden, da das Bedürfnis, die Verbindung zu den eigenen Wurzeln aufrechtzuerhalten, mit den Anforderungen der Assimilation kollidieren kann. Darüber hinaus droht das Gespenst der Diskriminierung und Ausgrenzung, das die Flüchtlinge weiter ausgrenzt und ihre Suche nach einem Gefühl der Zugehörigkeit erschwert.

Die Suche nach Identität und Zugehörigkeit ist vielschichtig und umfasst persönliche, kulturelle und soziale Dimensionen. Auf der persönlichen Ebene müssen die Flüchtlinge die schwierige Aufgabe bewältigen, ihre vergangenen Erfahrungen mit ihrer gegenwärtigen Realität in Einklang zu bringen. Dieser Prozess beinhaltet oft die Bewältigung des Traumas der Vertreibung, ein Trauma, das das Selbst zerbrechen kann und ein Gefühl der Entfremdung und des Verlusts hinterlässt. Doch inmitten dieses Aufruhrs finden die Flüchtlinge auch Wege, diese Erfahrungen in ein kohärentes Selbstverständnis zu integrieren. Glaube, Geschichtenerzählen und kulturelle Praktiken spielen in diesem Prozess eine wichtige Rolle, da sie einen Rahmen für das Verständnis und den Ausdruck von Identität bieten.

Vor allem der Glaube bietet einen Zufluchtsort im Sturm. Für viele Flüchtlinge dienen religiöse Überzeugungen und Praktiken als Anker, die sie in einer Tradition verankern, die über die unmittelbaren Umstände des Exils hinausgeht. Die Heilige Familie hätte auf ihrer Flucht nach Ägypten Kraft aus ihrem Glauben geschöpft und Trost in den vertrauten Ritualen und Lehren des Judentums gefunden, selbst als sie die Ungewissheiten des Lebens in einem fremden Land meisterten.

Diese Kontinuität des Glaubens bot nicht nur spirituellen Trost, sondern auch ein Mittel zur Wahrung ihrer Identität im Angesicht der Entwurzelung.

Kulturell gesehen stehen Flüchtlinge vor der gewaltigen Herausforderung, ihre Traditionen und Praktiken in einer neuen Umgebung aufrechtzuerhalten. Die Bewahrung der Kultur ist nicht nur ein Akt der Nostalgie; sie ist entscheidend für ihr Gefühl von Identität und Kontinuität und bietet eine Verbindung zu ihrem Erbe und ihrer Geschichte. Diese Bewahrung muss jedoch mit der Notwendigkeit der Anpassung an die kulturellen Normen ihrer Aufnahmegesellschaften in Einklang gebracht werden. Dieses kulturelle Aushandeln erfordert Widerstandsfähigkeit, Kreativität und oft auch eine unterstützende Gemeinschaft, die Vielfalt schätzt. Denken Sie beispielsweise an die Erfahrungen somalischer Flüchtlinge in Minneapolis, die florierende kulturelle Enklaven eingerichtet haben, in denen sie ihre Traditionen pflegen und gleichzeitig mit der breiteren amerikanischen Gesellschaft in Kontakt treten können. Diese Enklaven dienen als wichtige Räume für den kulturellen Ausdruck und tragen dazu bei, ein Gefühl der Identität und Zugehörigkeit zu erhalten.

Auf sozialer Ebene bedeutet Zugehörigkeit den Aufbau von Verbindungen und Beziehungen innerhalb der Gastgemeinde. Dieser Prozess kann mit Schwierigkeiten behaftet sein, da Sprachbarrieren, kulturelle Unterschiede und mögliche Vorurteile die Integration erschweren. Durch diese sozialen Beziehungen können Flüchtlinge jedoch beginnen, ihr Leben wieder aufzubauen, Unterstützung zu finden und ein neues Zugehörigkeitsgefühl zu entwickeln. Integrationspolitische Maßnahmen und Gemeinschaftsinitiativen, die Integration und Multikulturalität fördern, können eine entscheidende Rolle bei der Erleichterung dieses Prozesses spielen. Schulen, religiöse Einrichtungen und Gemeinschaftsorganisationen sind besonders wichtig, da sie Räume bieten, in denen Flüchtlinge Beziehungen aufbauen, Zugang zu Ressourcen erhalten und ein Gefühl der Gemeinschaft finden können.

Theologische Überlegungen zu den Erfahrungen Jesu als Flüchtling bieten tiefe Einblicke in die Themen Identität und Zugehörigkeit. Die Lehren Jesu betonen den inhärenten Wert und die Würde eines jeden Menschen, unabhängig von seinem Status oder seinen Umständen. In seinem Wirken wandte er sich stets an die Ausgegrenzten und Marginalisierten und vermittelte die Vision einer Gemeinschaft, in der alle willkommen sind und geschätzt werden. Diese integrative Vision fordert uns heraus, ein Umfeld zu schaffen, in dem Flüchtlinge Akzeptanz und Zugehörigkeit finden können, in dem sie nicht nur geduldet, sondern als integrale Mitglieder der Gemeinschaft aufgenommen werden.

Beispiele von Flüchtlingen aus der heutigen Zeit zeigen, auf welch unterschiedliche Weise Einzelpersonen und Gemeinschaften mit der Komplexität von Identität und Zugehörigkeit umgehen. Flüchtlinge bringen reiche kulturelle Beiträge in ihre Aufnahmegesellschaften ein und bereichern sie mit neuen Perspektiven, Traditionen und Fähigkeiten. Ihre Geschichten über Widerstandsfähigkeit und Anpassung bieten wertvolle Lektionen über die Bedeutung von Integration und die Stärke des menschlichen Geistes. So hat beispielsweise die syrische Flüchtlingskrise einen Zustrom talentierter Künstler, Unternehmer und Fachleute in die europäischen Länder gebracht, wo sie zum kulturellen und wirtschaftlichen Gefüge ihrer neuen Heimat beitragen. Diese Beiträge stellen das Bild von Flüchtlingen als Last in Frage und verdeutlichen stattdessen ihr Potenzial, die Gesellschaften ihrer Gastländer zu bereichern und zu stärken.

Bildungs- und Beschäftigungsmöglichkeiten sind entscheidend für die Förderung des Zugehörigkeitsgefühls von Flüchtlingen. Der Zugang zu Bildung ermöglicht es Flüchtlingen, ihre Fähigkeiten zu entwickeln, ihre Ziele zu verfolgen und einen Beitrag zu ihren neuen

Gemeinschaften zu leisten. Bildung ist nicht nur ein Weg zu wirtschaftlicher Stabilität, sondern auch ein Mittel zur persönlichen Befähigung, das es den Flüchtlingen ermöglicht, ein Gefühl von Handlungsfähigkeit und Zielstrebigkeit wiederzuerlangen. Beschäftigung bietet wirtschaftliche Stabilität und ein Gefühl der Zielstrebigkeit und ermöglicht es den Flüchtlingen, ihr Leben wieder aufzubauen und voll an der Gesellschaft teilzuhaben. Für viele Flüchtlinge ist die Fähigkeit, zu arbeiten und ihre Familien zu unterstützen, ein Schlüsselaspekt ihrer Identität, der ihre Würde und ihren Wert unterstreicht.

Die Förderung der Rechte und der Würde von Flüchtlingen ist eine wichtige Aufgabe, wenn es um Fürsprache und soziale Gerechtigkeit geht. Indem wir diskriminierende Praktiken in Frage stellen und für eine integrative Politik eintreten, können wir Gesellschaften schaffen, in denen Flüchtlinge geschätzt und unterstützt werden. Das Beispiel Jesu, der sich für die Sache der Ausgegrenzten und Unterdrückten einsetzte, ruft uns zum Handeln auf, um diejenigen zu unterstützen, die Zuflucht und Zugehörigkeit suchen. Es gibt unzählige Möglichkeiten, sich mit Flüchtlingen zu solidarisieren und zu ihrer Heilung und Widerstandsfähigkeit beizutragen, sei es durch Aktivismus an der Basis, durch Rechtsbeistand oder durch humanitäre Arbeit.

Wenn wir über die Suche nach Identität und Zugehörigkeit nachdenken, werden wir an die Widerstandsfähigkeit und Stärke von Flüchtlingen erinnert. Ihre Reise ist von Herausforderungen und Unsicherheiten, aber auch von Hoffnung und Entschlossenheit geprägt. Indem wir integrative Gemeinschaften fördern und uns für Gerechtigkeit einsetzen, können wir Flüchtlinge bei ihrer Suche nach Identität und Zugehörigkeit unterstützen und eine Welt schaffen, in der jeder einen Platz findet, den er sein Zuhause nennen kann.

In den folgenden Kapiteln werden wir das Leben von Jesus Christus, dem Flüchtling, weiter erforschen und uns mit den theologischen Implikationen von Jesus als Flüchtling, den umfassenderen sozialen und gerechten Reaktionen auf die Flüchtlingskrise sowie mit Geschichten von Hoffnung und Widerstandskraft beschäftigen. Auf diese Weise können wir unser Verständnis der Zusammenhänge zwischen Glaube, Vertreibung und dem Ruf nach Gerechtigkeit vertiefen und uns inspirieren lassen, eine mitfühlendere und integrativere Welt zu schaffen.

Kapitel 11: Theologische Implikationen von Jesus als Flüchtling

Das Bild von Jesus als Flüchtling ist von großer Bedeutung, nicht nur als historische Realität, sondern auch als theologische Perspektive, durch die wir unser Verständnis von Gott, der Menschheit und dem christlichen Glauben vertiefen können. Die Vorstellung, dass der Erlöser der Welt sein irdisches Leben als Vertriebener begann, der vor politischer Verfolgung floh, fordert uns heraus, unsere Vorstellungen von Macht, Gerechtigkeit und göttlicher Gegenwart zu überdenken.

Die Lehre von der Inkarnation - dass Gott in der Person Jesu Christi Mensch geworden ist - steht im Mittelpunkt der christlichen Theologie. Dieses Geheimnis des fleischgewordenen Wortes unterstreicht die Solidarität Gottes mit der Menschheit, der alle Facetten des Menschseins erlebt hat: Geburt, Freude, Leid und - ganz entscheidend - Vertreibung. Das frühe Leben Jesu als Flüchtling unterstreicht diese göttliche Solidarität und verdeutlicht die innige Gegenwart Gottes mit denjenigen, die am Rande der Gesellschaft stehen - mit denjenigen, die verletzlich, unterdrückt und vertrieben sind.

Die Flucht nach Ägypten ist nicht nur eine Erzählung über die Flucht, sondern auch eine theologische Erklärung der Bereitschaft Gottes, sich in die Tiefen des menschlichen Leidens zu begeben. Indem Jesus zum Flüchtling wird, stellt er sich auf die Seite der Vertriebenen und Verfolgten und verkörpert das göttliche Mitgefühl auf die greifbarste Weise. Diese Identifikation mit den Ausgegrenzten zwingt uns, in jedem Flüchtling das Antlitz Christi zu sehen, die ihm innewohnende Würde zu erkennen und mit demselben Mitgefühl zu reagieren, das Jesus selbst verkörpert.

Diese Identifikation Jesu mit den Flüchtlingen stellt auch unser Verständnis von göttlicher Gerechtigkeit in Frage. Die Kräfte, die die Heilige Familie zur Flucht zwangen - politische Tyrannei, Gewalt und Angst - sind dieselben Kräfte, die heute Millionen von Menschen vertreiben. Die Geschichte von Jesus als Flüchtling fordert uns heraus, uns diesen Ungerechtigkeiten zu stellen, und zwar nicht als distanzierte Beobachter, sondern als aktive Teilnehmer am Kampf für Gerechtigkeit. Sie drängt uns, für eine Politik und Praxis einzutreten, die Flüchtlinge schützt und fördert, und damit die Gerechtigkeit und das Mitgefühl zu verkörpern, die den Kern der christlichen Botschaft ausmachen.

Darüber hinaus bieten die Lehren Jesu während seines Dienstes tiefe Einblicke in die theologische Bedeutung seiner Flüchtlingserfahrung. In den Evangelien sehen wir immer wieder, wie Jesus auf die Menschen am Rande der Gesellschaft zugeht - Steuereintreiber, Sünder, Kranke, Arme - und ihnen Heilung, Hoffnung und Integration anbietet. Seine Gleichnisse, wie das vom barmherzigen Samariter und dem verlorenen Sohn, spiegeln ein tiefes Engagement für das Wohlergehen der Schwachen und eine Vision vom Reich Gottes wider, in dem alle willkommen und wertgeschätzt sind. Diese Vision fordert uns heraus, Gemeinschaften der Gastfreundschaft und Gerechtigkeit zu schaffen, in denen Flüchtlinge und Vertriebene Zuflucht, Sicherheit und Zugehörigkeit finden können.

Die Erfahrung der Vertreibung dient auch als kraftvolle Metapher für den christlichen Weg. In der Bibel wird das Thema Exil häufig verwendet, um die spirituelle Reise des Suchens und Findens von Gott zu beschreiben. So wie die Israeliten in der Wüste umherwanderten und die Heilige Familie in Ägypten Zuflucht suchte, sind Christen aufgerufen, mit einem Gefühl der Abhängigkeit von Gott und der

Solidarität mit den Vertriebenen durchs Leben zu gehen. Diese Perspektive fördert Demut, Einfühlungsvermögen und ein Engagement für Gerechtigkeit und leitet unseren Umgang mit Flüchtlingen und anderen Bedürftigen.

Im sakramentalen Leben der Kirche finden wir eine weitere Dimension der theologischen Implikationen von Jesus als Flüchtling. Sakramente wie die Taufe und die Eucharistie sind greifbare Ausdrucksformen der Gnade und Gegenwart Gottes. Im Kontext der Vertreibung erhalten diese Sakramente eine zusätzliche Bedeutung, indem sie die Einbeziehung aller Menschen in den Leib Christi symbolisieren. Die Taufe zum Beispiel bedeutet, dass jeder Mensch in die christliche Gemeinschaft aufgenommen wird, unabhängig von seiner Herkunft oder seinem Status. Die Eucharistie als gemeinsames Mahl verkörpert die Gastfreundschaft und Einheit, die die Antwort der Kirche auf die Flüchtlinge kennzeichnen sollte. Sie ist eine tiefe Erinnerung daran, dass es in Christus keine Außenseiter gibt; alle sind am Tisch willkommen.

Das Beispiel der frühen Kirche bietet weitere Einblicke in die theologischen Implikationen der Flüchtlingserfahrung Jesu. Die frühen Christen, inspiriert von Jesu Lehren und Beispiel, praktizierten radikale Gastfreundschaft und Fürsorge für die Ausgegrenzten. Sie bildeten integrative Gemeinschaften, in denen die Bedürfnisse der Armen, der Kranken und der Vertriebenen mit Mitgefühl und Großzügigkeit erfüllt wurden. Dieses Vermächtnis fordert die Christen von heute heraus, in ihre Fußstapfen zu treten und Gemeinschaften zu schaffen, die den integrativen und barmherzigen Charakter des Reiches Gottes widerspiegeln.

Darüber hinaus hat die Betonung des gemeinschaftlichen Teilens und der Unterstützung durch die frühe Kirche einen starken Bezug zu den Erfahrungen der Flüchtlinge. In der Apostelgeschichte lesen wir, wie die frühen Christen alles gemeinsam hatten und die Ressourcen entsprechend den Bedürfnissen jedes Einzelnen verteilten. Diese Praxis des gemeinschaftlichen Lebens und der gegenseitigen Unterstützung ist im Kontext von Flüchtlingsgemeinschaften besonders relevant, wo die Ressourcen oft knapp sind und das Überleben von der Stärke der gemeinschaftlichen Bindungen abhängt.

Wenn wir über die theologischen Implikationen von Jesus als Flüchtling nachdenken, werden wir zu einem tieferen Verständnis von Gottes Gegenwart bei den Leidenden und zu einem erneuerten Engagement für Gerechtigkeit und Mitgefühl aufgerufen. Die Flüchtlingserfahrung Jesu ist nicht nur ein historisches Ereignis, sondern eine theologische Realität, die unseren Glauben und unser Handeln prägt. Sie lädt uns ein, in jedem Flüchtling das Antlitz Christi zu sehen, für ihre Rechte und ihre Würde einzutreten und Gemeinschaften der Aufnahme und Unterstützung zu schaffen.

Diese Reflexion fordert uns auch auf, die umfassenderen sozialen und politischen Implikationen unseres Glaubens zu bedenken. Das Beispiel Jesu, der sich stets auf die Seite der Ausgegrenzten und Unterdrückten stellte, zwingt uns, uns gegen Ungerechtigkeit auszusprechen und uns für eine Welt einzusetzen, in der alle Menschen in Sicherheit und Würde leben können. Dazu gehört auch, dass wir uns für eine gerechtere und menschlichere Einwanderungspolitik einsetzen, Organisationen unterstützen, die mit Flüchtlingen arbeiten, und in unseren Gemeinden Räume der Aufnahme und Integration schaffen.

Während wir das Leben von Jesus Christus, dem Flüchtling, weiter erforschen, werden wir uns in den folgenden Kapiteln mit den umfassenderen sozialen und gerechten Reaktionen auf die Flüchtlingskrise sowie mit Geschichten von Hoffnung und Widerstandskraft befassen. Auf diese Weise können wir unser Verständnis für die Zusammenhänge zwischen Glaube, Vertreibung und dem Ruf nach Gerechtigkeit vertiefen und uns inspirieren lassen, eine mitfühlendere und integrativere Welt zu schaffen.

Zusammenfassend lässt sich sagen, dass das Bild von Jesus als Flüchtling eine kraftvolle Erinnerung an die Radikalität von Gottes Liebe und die allumfassende Reichweite der göttlichen Gerechtigkeit ist. Es fordert uns heraus, unsere Komfortzone zu verlassen, diejenigen anzunehmen, die anders sind als wir, und unermüdlich für eine Welt zu arbeiten, in der jeder einen Ort der Sicherheit, der Zugehörigkeit und des Friedens finden kann. Durch unser Nachdenken über die Flüchtlingserfahrung Jesu werden wir zu einer tieferen Beziehung zu Gott und zu einem tieferen Engagement für Gerechtigkeit und Mitgefühl in unserer Welt eingeladen.

Kapitel 12: Flüchtlinge in biblischen Texten

Die Bibel ist ein Geflecht von Erzählungen, in denen die Erfahrungen von Vertreibung, Exil und Zuflucht auf komplizierte Weise miteinander verwoben sind. Diese Themen stehen nicht nur im Hintergrund, sondern sind von zentraler Bedeutung für die sich entfaltende Geschichte von Gottes Beziehung zur Menschheit. Durch die Berichte von Einzelpersonen und Gemeinschaften, die sich als Flüchtlinge wiederfinden, bietet der biblische Text tiefe Einblicke in die Verletzlichkeit, Widerstandsfähigkeit und göttliche Gegenwart, die diejenigen erfahren, die gezwungen sind, aus ihrer Heimat zu fliehen. Dieses Kapitel untersucht die Präsenz von Flüchtlingen in biblischen Texten und stellt Verbindungen zwischen diesen antiken Geschichten und der heutigen Notlage von Flüchtlingen her. Durch die Untersuchung dieser Erzählungen gewinnen wir ein tieferes Verständnis für Gottes Sorge um die Vertriebenen und den Aufruf, mit Mitgefühl und Gerechtigkeit zu reagieren.

Schon der Beginn der biblischen Erzählung führt uns in das Thema der Vertreibung ein. In der Geschichte von Adam und Eva erleben wir den ersten Akt der Vertreibung (Genesis 3, 1-24). Nachdem sie Gottes Gebot missachtet haben, werden Adam und Eva aus dem Garten Eden vertrieben, hinausgeworfen in eine Welt, die ihnen plötzlich fremd und feindlich ist. Mit dieser Vertreibung beginnt die lange Geschichte der Menschheit, die durch die Trennung vom Göttlichen, voneinander und vom Land gekennzeichnet ist. Doch selbst in diesem Moment des Urteils gibt es einen Schimmer von Gnade. Gott kleidet Adam und

Eva ein und sorgt für ihre Bedürfnisse, während sie sich auf ihre Reise ins Exil begeben. Diese Erzählung legt den Grundstein für das immer wiederkehrende Thema des Exils, das sowohl eine Folge menschlichen Handelns als auch eine Gelegenheit für Wachstum, Erlösung und eine tiefere Beziehung zu Gott ist.

Im Verlauf der biblischen Geschichte begegnen wir der Gestalt Abrahams, eines Mannes, der von Gott berufen wird, seine Heimat zu verlassen und in ein Land zu ziehen, das Gott ihm zeigen wird. Abrahams Geschichte ist eine Geschichte des Glaubens, des Mutes und der Bereitschaft, sich auf das Unbekannte einzulassen. Sein Ruf in die Fremde ist nicht nur eine physische, sondern auch eine geistige Reise - eine Reise, die das Schicksal seiner Nachkommen und letztlich der ganzen Welt bestimmen wird. Abrahams Erfahrung spiegelt die vieler Flüchtlinge heute wider, die, getrieben von Glaube und Hoffnung, auf der Suche nach Sicherheit und einer besseren Zukunft alles Vertraute zurücklassen. Die Verheißung Gottes an Abraham, dass er allen Völkern zum Segen gereichen wird, spiegelt die Idee wider, dass die Reise eines Flüchtlings, auch wenn sie voller Herausforderungen ist, das Potenzial für einen Neuanfang und unvorhergesehenen Segen in sich birgt.

Sohn von Jakob und Rahel; wie sein Vater Jakob und sein Großvater Isaak war auch seine Mutter zunächst unfruchtbar; er wurde in Haran geboren (Gen 30,22-24; 29,4). Gen 37:2-4 berichtet von seiner Jugend; 37:5-11 von seinen Träumen; 37:12-36 von der Eifersucht seiner Brüder, die ihn als Sklaven an Händler auf dem Weg nach Ägypten verkauften; 39:1-23 von seiner Erniedrigung; 40:1-41,36 von seiner Erklärung der Träume; 41:37-57 von seiner Erhebung. Als Statthalter in Ägypten trug Josef den Namen Çophnat-Panéah, und seine ägyptische Frau schenkte ihm zwei Söhne, Manasse und Ephraim (41,51-52; 46,20). Als seine Brüder nach Ägypten kamen, um Getreide zu kaufen, und ihn dort trafen (42,1-44,34), gab er sich ihnen zu erkennen (45,1-15) und lud seine

Familie ein, nach Ägypten zu kommen und dort zu leben (45,16-46,7). Josef starb in Ägypten im Alter von 110 Jahren, was die Ägypter als ideales Alter ansahen (Gen 50,22-26; Ex 13,19). In 49,15 wird er als Anführer seiner Brüder und Unterstützer seines Volkes gepriesen; die Bibel erwähnt ihn erneut in Ps 105,17-22; Weish 10,13f; 1M 2,53.

Die Erzählung von Josef und seinen Brüdern fügt dem Thema der Vertreibung eine weitere Ebene hinzu. Von seinen eigenen Brüdern verraten und in die Sklaverei verkauft, wird Josef nach Ägypten gebracht, in ein Land, das weit von der Heimat entfernt ist, die er kannte. Doch in diesem fremden Land steigt Josef zu einer Position mit Macht und Einfluss auf. Als eine Hungersnot über die Region hereinbricht, kommen seine Brüder auf der Suche nach Nahrung nach Ägypten, nicht ahnend, dass der Bruder, den sie verraten haben, nun ihr Retter ist. Josephs Geschichte ist eine Geschichte des Überlebens, der Versöhnung und der verwandelnden Kraft der Vergebung. Sie zeigt auch, wie wichtig es ist, Menschen in Not Zuflucht zu gewähren. In einer Zeit der Krise wird Ägypten zu einem Ort der Zuflucht für Josephs Familie und veranschaulicht den biblischen Auftrag, sich um die Fremden und Schwachen zu kümmern.

Die Nachkommen Jakobs, die sich in Ägypten niedergelassen hatten, wurden dort so zahlreich (Ex 1,1-7), dass ein neuer Pharao, „der Joseph nicht gekannt hatte" (1,8), sie in die Knechtschaft zwang (1,9-22). Mose wollte sich für seine Brüder einsetzen, doch dieser erste Befreiungsversuch scheiterte und zwang ihn, nach Midian zu fliehen (2,1-22). Da griff Gott ein, der seit der Zeit der Patriarchen nicht mehr in der Geschichte aufgetaucht war, rief Mose und schickte ihn zum Pharao, um die Hebräer zum Auszug zu bewegen (2,23-4,17). Mose kehrt nach Ägypten zurück, aber seine Reise ist ein Fehlschlag (4,18-6,1). In seiner Mission bestätigt (6,2-7,7), kehrt er in Begleitung von Aaron zum Pharao zurück und versucht, ihn durch eine Reihe von Wundern zu überzeugen (7,8-10,29: Plagen Ägyptens), die jedoch nur zur Verhärtung des Königs und zum Abbruch der Gespräche führen

(10,28-29). Nach diesem erneuten Misserfolg beschloss Jahwe, den entscheidenden Schlag zu führen (11,1-12,30). In der Nacht des Passahfestes schlug Jahwe alle Erstgeborenen in Ägypten nieder, was die sofortige Vertreibung der Hebräer zur Folge hatte (12,31-34, 37-39). Die Hebräer landeten am Meer (13,17-14,4), wurden bald von der ägyptischen Armee eingeholt, aber durch Jahwes wunderbares Eingreifen gerettet (14-15).

Die vielleicht ikonischste Geschichte von Vertreibung in der Bibel ist der Exodus. Die Israeliten, die in Ägypten versklavt sind, schreien zu Gott um Befreiung, und Gott antwortet, indem er Mose schickt, um sie aus der Knechtschaft ins Gelobte Land zu führen. Die Reise durch die Wüste ist eine Geschichte von Entbehrungen, Abhängigkeit von Gott und der Hoffnung auf einen Neuanfang. Die Exodus-Erzählung war im Laufe der Geschichte eine Quelle der Inspiration für unzählige Bewegungen für Gerechtigkeit und Befreiung. Sie unterstreicht die tiefe Sorge Gottes um die Unterdrückten und seine Macht, Freiheit und Erlösung zu bewirken. Die Exodusgeschichte erinnert uns daran, dass Gott dem Leiden seines Volkes nicht fernsteht, sondern aktiv an seiner Befreiung beteiligt ist. Sie fordert uns auch auf, uns für die Befreiung derer einzusetzen, die in Systemen der Unterdrückung und Vertreibung gefangen sind.

Die Assyrer und Babylonier deportierten alle oder einen Teil des besiegten Volkes nach Mesopotamien. Ziel dieser Maßnahme war es, die nationale Kraft der Feinde zu schwächen und vielleicht auch ihr eigenes, zu dünn besiedeltes Gebiet zu kolonisieren. Die deportierten Menschen lebten dort im Exil. Eine solche Maßnahme wurde ab Teglat-Phalasar III. zur gängigen Praxis, wie assyrische Inschriften bezeugen: Sie hat die Geschichte Israels mehrfach beeinflusst.

Das Exil ist der Zeitraum, in dem ein Teil der Bewohner des Königreichs Juda infolge der Deportationen im Exil in Mesopotamien lebte: von 597 bis 538. Diese Judäer kamen zwischen 597 und 581 dorthin, und zwar unter dem Druck des neubabylonischen Reiches und seines Königs Nabuchodonosor II., des neuen Herrschers der Region, der das Gebiet von Juda annektierte und den Nahen Osten von 612 (dem Fall von Ninive) bis 539 (der Ankunft des persischen Königs Kyros in Babylon) beherrschte.

Nach Jer 52,30 betrug die Gesamtzahl der Deportierten 4 600, während 2 Kön 24,14 die Zahl auf 10 000 allein für die erste Deportation im Jahr 597 angibt. Jeremias Zählung scheint der Realität näher zu kommen, wenn man bedenkt, dass nur die qualifizierte Bevölkerung ins Exil verschleppt wurde, aber sie stimmt nicht mit den 42 360 Exilanten überein, die laut Ne 7,66 nach dem Edikt des Kyros in ihr Land zurückkehrten. Vielleicht waren darunter auch einige Familien, die von Israeliten abstammten, die in assyrischer Zeit deportiert worden waren (vgl. Hes 8,18). Die Judäer ließen sich in Gebieten nieder, die durch Kriege verlassen oder verwüstet worden waren: Tell-Abib (Hes 3,15) am Kebar-Kanal, der Tigris und Euphrat bei Nippur verband, Tel-Harsha und Kerub Addan-Immer (Hes 2,59), wahrscheinlich auch in der reich bewässerten Region von Nippur, Kasiphya (Hes 8,17).

Während die Überführung von Judäa nach Babylonien für die Konvois der Deportierten eine schreckliche Tortur war, schien der Prozess der Ansiedlung und des anschließenden Lebens im Exil nicht mehr die gleiche systematische Demütigung und Versklavung zu beinhalten. In Anbetracht ihrer Bedeutung, insbesondere im Umfeld der zahlreichen Tempel, wandten sich die Exilanten zunächst der Landwirtschaft zu, und zwar auf Land, das ihnen verpachtet wurde. Bereits 592 erwähnen Tafeln jüdische Angestellte im königlichen Bauwesen in Babylon sowie in Verwaltung und Handel. Handelsverträge aus dieser Zeit, in denen jüdische Namen auftauchen, die Berühmtheit des Hauses Muraschu in der Perserzeit, das sich auf das Verleihen von Geld und die Verwaltung von Vieh spezialisiert hatte, die Anwesenheit von Juden wie Nehemia am Hof der persischen Könige (Ne 2,1) oder, laut Dan 1,3-7, bereits in Babylon, zeugen von dem Grad an Wohlstand und Integration, den einige Exilantenfamilien erreicht hatten. Es ist verständlich, dass es für eine ganze Kategorie von Deportierten schwierig war, sich vorzustellen, in ihre Heimat zurückzukehren, wenn die Zeit gekommen war: Es bedurfte der energischen Predigten von Haggai und Sacharja, um sie zu überzeugen. Die Juden im Exil, die sich einer gewissen Freiheit und der wohlwollenden Haltung der Herrscher ihnen gegenüber erfreuten, wie die günstige Behandlung Jojakims, des rechtmäßigen Königs von Juda, beweist (Jer 52,31-34), konnten sich unter der Autorität der „Ältesten" (Hes 8,1; 14,1; 20,1; Jer 29,1) organisieren und am Sabbat zu Gebetsversammlungen zusammenkommen: Dies war der Beginn der künftigen synagogalen Liturgie, in der das Opfer der Lippen und des gebrochenen Herzens (Ps 51), das Hören auf das Wort Gottes und die Einhaltung des Gesetzes die blutigen Opfer des Tempels ersetzen sollten. Die Katastrophe von 587 wurde mit Fasten und Gebeten begangen (Sach 7,1; 8,19; Ps 1,37).

Zu Beginn waren die Beziehungen zum Mutterland noch sehr eng: Ermutigt durch die Aufstandsversuche in Jerusalem (Jer 27) und die Unruhen in Babylon (595), erwarteten die Exilanten zunächst eine baldige Rückkehr und die Wiedereinsetzung Jojakims als König von Juda. Jeremia machte sich daran, diese Illusionen zu widerlegen (Jer 27-29), ebenso wie er die Ehre der Exilanten wiederherstellte, die in Jerusalem für alle Übel verantwortlich gemacht wurden (Jer 24; vgl. Hes 11,14-21). Für mögliche Kontakte mit den Nachkommen der israelitischen Exilanten, die von den Assyrern weiter nördlich angesiedelt worden waren, gibt es keine Belege (außer Esra 8,18). Die babylonische Gefangenschaft stellte den Glauben eines Volkes auf die Probe, als wesentliche Institutionen und Symbole zusammenbrachen: der Tempel, das Königtum, das Land, die Einheit der Gemeinschaft. Zerstreut inmitten einer fremden Zivilisation, von der sie einige Aspekte (Kalender, Techniken usw.) übernahmen, waren die Exilanten gezwungen, einen tiefgreifenden geistigen Lernprozess zu durchlaufen, ihre Traditionen und Gründungstexte neu zu lesen und unter dem Druck der sie umgebenden Kultur eine neue Sprache zu schaffen (z. B. die Sprache der Schöpfung). Die babylonische Gefangenschaft war daher eine Periode intensiver literarischer und theologischer Aktivität: das Buch Hesekiel, Deuterojesaja, das Heiligkeitsgesetz Lev 17-26 und im weiteren Sinne die priesterliche Redaktion (P) des Pentateuch, die endgültige Redaktion des Dt, die Neuinterpretation der vorexilischen Propheten. Es ist jedoch schwierig, diesen Prozess mit Sicherheit zu datieren: Das Exil setzte einen Prozess in Gang, der sich durch die gesamte nachexilische Zeit ziehen sollte.

Diejenigen, die deportiert wurden, erlebten dies als eine schwere Strafe. Sie mussten ihre Heimat verlassen, wurden aus ihrer Umgebung und ihrem Besitz gerissen, litten große Not und konnten ihre Religion nicht mehr normal ausüben, denn nach östlicher Auffassung (vgl. 1 Samuel 26,19) waren Heimat und Religion miteinander verbunden. Die Erfahrung der aufeinanderfolgenden Deportationen war vor allem eine demütigende und traumatische Erfahrung. Jesaja erinnert an die Nacht, in der die Karawane der Verbannten hungrig und überwältigt umherzieht (8,21-22), an den traurigen Anblick der Jungen und Alten, die nackt und barfuß verschleppt werden (20,4), die Hunger und Durst leiden (5,13), deren Köpfe und Bärte geschoren werden (7,20). Die Propheten prangerten die Dauer dieser Behandlung an (Am 1,6-9), während sie den Verursachern ein schreckliches Verderben (Na 2,4-3,19; Jer 50-51) oder ein ähnliches Schicksal (Am 4,2-3; 5,27; 6,7) ankündigten. Aber das Drama der Deportation ist nach vielen Texten auch die Strafe für die schwere Untreue des Volkes gegenüber seinem Gott (Dtn 4,27-28; 29,21-27; 2 Kön 17,7-23; Jer 5,15-19; 19,1-20,6; Hes 12,8-16) oder eine Prüfung, aus der ein neues Volk hervorgehen wird (Hes 36-37). Nach Esra 2,54 kehrten nach dem Edikt des Kyros von 539 etwa 50 000 Menschen in ihre Heimat zurück, hauptsächlich Judäer.

Das Thema des Exils setzt sich in den Geschichten über die babylonische Gefangenschaft fort. Die Propheten, wie Jeremia und Hesekiel, bieten den Israeliten, die ins babylonische Exil verschleppt wurden, Worte der Hoffnung und der Orientierung. Diese Texte schildern den Schmerz und das Leid der Vertreibung, enthalten aber auch das Versprechen auf Rückkehr und Wiederherstellung. Jeremias Botschaft an die Exilanten ist besonders ergreifend: „Sucht das Wohl der Stadt, in die ich euch ins Exil geschickt habe, und betet für sie zum Herrn; denn in ihrem Wohl werdet ihr euer Wohl finden" (Jeremia 29,7). Dieser Aufruf, das Wohl des Ortes zu suchen, an den sie verbannt wurden, spiegelt ein tiefes Verständnis dafür wider, wie Flüchtlinge einen Beitrag zu den Gesellschaften leisten können, in denen sie sich befinden, auch wenn sie sich nach ihrer Heimat sehnen.

Im Neuen Testament ist das Thema der Vertreibung im Leben Jesu Christi verankert. Wie wir in den vorangegangenen Kapiteln untersucht haben, verdeutlichen das frühe Leben Jesu als Flüchtling in Ägypten und sein Dienst unter den Ausgegrenzten und Unterdrückten seine tiefe Identifikation mit denjenigen, die vertrieben sind. Jesus selbst lebte als jemand, der kein festes Zuhause hatte, und sagte oft: „Die Füchse haben Gruben, und die Vögel unter dem Himmel haben Nester; aber der Menschensohn hat keine Bleibe" (Matthäus 8,20). Seine Lehren, Gleichnisse und Taten spiegeln durchweg die Sorge um die Schwachen und die Aufforderung wider, den Fremden aufzunehmen. Das Gleichnis vom barmherzigen Samariter zum Beispiel stellt die Grenzen des Mitgefühls in Frage und fordert uns auf, jeden als unseren Nächsten zu sehen, insbesondere diejenigen, die in großer Not sind.

Auch die Geschichte der frühen Kirche enthält Beispiele für Vertreibung. Die Apostel und die ersten Christen sahen sich Verfolgungen ausgesetzt, die sie zwangen, ihre Heimat zu verlassen und die Botschaft des Evangeliums im Römischen Reich zu verbreiten. Diese Missionsbewegung, die von der Erfahrung der Vertreibung angetrieben wurde, trug dazu bei, die Kirche als eine globale Gemeinschaft zu etablieren, die durch Glauben und Mitgefühl vereint ist. Die Zerstreuung der ersten Christen führte zur Ausbreitung des Evangeliums und zeigte, wie Gott durch die Erfahrung des Exils wirken kann, um etwas Gutes zu bewirken. Die Briefe des Neuen Testaments, von denen viele an vertriebene Gemeinschaften geschrieben wurden, bieten Ermutigung, Anleitung und eine Erinnerung daran, dass die Gläubigen trotz der Härten des Exils nie allein sind.

Wenn wir über die Präsenz von Flüchtlingen in biblischen Texten nachdenken, werden wir an die zentrale Bedeutung dieses Themas in der Geschichte des Volkes Gottes erinnert. Die Erfahrungen von Vertreibung, Exil und Zuflucht sind keine Randerscheinungen, sondern integraler Bestandteil der biblischen Erzählung. Sie offenbaren Gottes tiefe Sorge um die Vertriebenen und seinen Aufruf an sein Volk, mit Gerechtigkeit und Mitgefühl zu reagieren. Diese Geschichten fordern uns heraus, die Gesichter der heutigen Flüchtlinge im Licht dieser alten Erzählungen zu sehen und zu erkennen, dass der Ruf, sich um die Vertriebenen zu kümmern, heute genauso dringlich ist wie zu biblischen Zeiten.

Während wir das Leben von Jesus Christus, dem Flüchtling, weiter erforschen, werden wir uns in den folgenden Kapiteln mit den umfassenderen sozialen und gerechten Reaktionen auf die Flüchtlingskrise sowie mit Geschichten von Hoffnung und Widerstandskraft befassen. Auf diese Weise können wir unser Verständnis für die Zusammenhänge zwischen Glaube, Vertreibung und dem Ruf nach Gerechtigkeit vertiefen und uns dazu inspirieren, eine mitfühlendere und integrativere Welt zu schaffen. Auf diese Weise nehmen wir an der fortlaufenden Geschichte von Gottes Erlösungswerk in der Welt teil und stehen in Solidarität mit denjenigen, die sich, wie so viele biblische Figuren, als Fremde in einem fremden Land befinden.

Kapitel 13: Soziale Gerechtigkeit und die christliche Antwort

Der Ruf nach sozialer Gerechtigkeit ist in der christlichen Theologie nicht nur ein abstraktes Konzept, sondern ein göttliches Gebot, das im Wesen Gottes und in seinem Umgang mit der Menschheit im Laufe der Geschichte wurzelt. Insbesondere die Notlage der Flüchtlinge erfordert eine Antwort, die auf den Prinzipien der Gerechtigkeit, des Mitgefühls und der Empathie beruht - Prinzipien, die für den christlichen Glauben von zentraler Bedeutung sind. Als Nachfolger Jesu Christi, der selbst als Flüchtling gelebt hat, sind Christen in einzigartiger Weise aufgerufen, sich mit Vertriebenen zu solidarisieren und für ihre Rechte, ihre Würde und ihr Wohlergehen einzutreten. Dieses Kapitel befasst sich mit dem Konzept der sozialen Gerechtigkeit aus christlicher Sicht und zeigt praktische Wege auf, wie man auf die Flüchtlingskrise sowohl mit Empathie als auch mit Taten reagieren kann.

Soziale Gerechtigkeit als christliches Mandat

Soziale Gerechtigkeit ist ein grundlegender Aspekt der christlichen Lehre, der fest in der Überzeugung verankert ist, dass jeder Mensch nach dem Bild Gottes (imago Dei) geschaffen ist und daher eine eigene Würde, einen eigenen Wert und eine eigene Würde besitzt. Dieser Glaube zwingt Christen, sich gegen Ungerechtigkeit, Unterdrückung und Ungleichheit zu stellen und für eine Welt einzutreten, in der alle Menschen in Frieden und Sicherheit leben können. Der biblische Auftrag „Suche Gerechtigkeit, sei barmherzig und wandle demütig mit deinem Gott" (Micha 6,8) ist kein Vorschlag, sondern ein Gebot - ein

JESUS-CHRISTUS, DER FLÜCHTLING!

Aufruf, sich aktiv für die Schaffung einer gerechten und barmherzigen Gesellschaft einzusetzen.

In der Heiligen Schrift wird Gottes Interesse an Gerechtigkeit von Anfang an deutlich. Das Alte Testament ist voll von Geboten, sich um die Armen, die Witwen, die Waisen und die Fremden zu kümmern - um diejenigen, die am meisten von Ausbeutung und Unterdrückung bedroht sind. Die Gesetze, die Israel gegeben wurden, wie z. B. die Bestimmungen zur Nachlese (Levitikus 19,9-10) und zum Jubeljahr (Levitikus 25), sollen sicherstellen, dass die Gerechtigkeit gewahrt wird und die Bedürfnisse der Ausgegrenzten erfüllt werden. Diese Gebote spiegeln Gottes Herz für Gerechtigkeit und seinen Wunsch wider, dass sein Volk in der Welt für seine Gerechtigkeit eintritt.

Die Lehren Jesu und die soziale Gerechtigkeit

Die Lehren Jesu bieten einen klaren und überzeugenden Rahmen für das Verständnis und die Praxis der sozialen Gerechtigkeit. In den Evangelien wendet sich Jesus immer wieder denen zu, die am Rande der Gesellschaft stehen - den Armen, den Kranken, den Unterdrückten und den Vertriebenen. Sein Wirken ist von einer radikalen Inklusivität geprägt, die die sozialen, kulturellen und religiösen Grenzen seiner Zeit in Frage stellt. Das Gleichnis vom barmherzigen Samariter (Lk 10,25-37) zum Beispiel ist ein eindrucksvolles Beispiel für Nächstenliebe, die ethnische und religiöse Grenzen überwindet. In diesem Gleichnis definiert Jesus neu, was es bedeutet, ein Nächster zu sein, und betont, dass sich Liebe und Mitgefühl über unsere unmittelbare Umgebung hinaus auf diejenigen erstrecken müssen, die anders sind als wir, sogar auf diejenigen, die wir als unsere Feinde betrachten könnten.

Dieser Grundsatz der Nächstenliebe wird durch die Identifikation Jesu mit den „Geringsten unter ihnen" noch deutlicher. In Matthäus 25,31-46 beschreibt Jesus das Jüngste Gericht, bei dem die Gerechten diejenigen sind, die sich um die Hungrigen, die Durstigen, die Fremden, die Nackten, die Kranken und die Gefangenen gekümmert haben. Jesus macht deutlich, dass alles, was für die Geringsten unter ihnen getan wird, für ihn getan wird. Diese Identifikation mit den Ausgegrenzten und Unterdrückten unterstreicht die Bedeutung der sozialen Gerechtigkeit für das christliche Leben. Es reicht nicht aus, einfach nur Schaden zu vermeiden; Christen sind aufgerufen, sich aktiv um Gerechtigkeit zu bemühen und sich um die Schwächsten zu kümmern.

Die Flüchtlingskrise und die christliche Antwort

Die Erfahrung Jesu als Flüchtling verstärkt den Ruf nach sozialer Gerechtigkeit noch weiter. Indem er sich mit den Vertriebenen und Verfolgten identifizierte, unterstreicht Jesus, wie wichtig es ist, sich für die Rechte und das Wohlergehen von Flüchtlingen einzusetzen. Sein Leben und sein Wirken dienen als Vorbild dafür, wie Christen auf die Schwachen und Ausgegrenzten reagieren sollten, indem sie praktische Hilfe, emotionale Unterstützung und ein Engagement für Gerechtigkeit anbieten.

Eine der wichtigsten Möglichkeiten, wie Christen auf die Flüchtlingskrise reagieren können, ist das Eintreten für sie. Advocacy bedeutet, das Bewusstsein für die Probleme der Flüchtlinge zu schärfen, diskriminierende Maßnahmen in Frage zu stellen und für Gesetze und Praktiken einzutreten, die die Rechte der Vertriebenen schützen. Dies kann in vielen Formen geschehen, z. B. durch öffentliche Reden, Schreiben, Teilnahme an Kampagnen und Gespräche mit politischen Entscheidungsträgern. Indem sie ihre Stimmen und Plattformen nutzen, können Christen die öffentliche Meinung beeinflussen und systemische Veränderungen zugunsten von Flüchtlingen vorantreiben.

Kirchen und religiöse Organisationen können sich beispielsweise für eine humanere Einwanderungspolitik einsetzen, sich für den Schutz von Asylbewerbern einsetzen und dafür sorgen, dass Flüchtlinge Zugang zu grundlegenden Leistungen wie Gesundheitsversorgung, Bildung und Rechtsbeistand erhalten. Diese

JESUS-CHRISTUS, DER FLÜCHTLING!

Fürsprache ist nicht nur eine politische, sondern auch eine spirituelle Tätigkeit, die in der Überzeugung verwurzelt ist, dass alle Menschen nach dem Bild Gottes geschaffen sind und Würde und Respekt verdienen.

Direkter Dienst und Gemeinschaftsbildung

Direkte Hilfe ist ein weiterer wichtiger Aspekt der christlichen Antwort auf die Flüchtlingskrise. Religiöse Organisationen und Kirchen spielen eine wichtige Rolle bei der Bereitstellung praktischer Hilfe für Flüchtlinge, indem sie ihnen Nahrung, Unterkunft, medizinische Versorgung, Bildung und rechtliche Unterstützung bieten. Diese Organisationen fungieren oft als Rettungsanker für Flüchtlinge und helfen ihnen, sich in der komplexen Welt der Neuansiedlung und Integration zurechtzufinden. Die ehrenamtliche Mitarbeit oder Unterstützung dieser Organisationen ist eine konkrete Möglichkeit, die Grundsätze der sozialen Gerechtigkeit und des Mitgefühls zu verwirklichen.

Viele Kirchen haben beispielsweise Flüchtlingsdienste eingerichtet, die Sprachkurse, Berufsausbildungen und kulturelle Orientierungsprogramme anbieten, um Flüchtlingen bei der Anpassung an ihre neue Umgebung zu helfen. Andere haben sich mit Neuansiedlungsagenturen zusammengetan, um Patenschaften für Flüchtlingsfamilien zu übernehmen und finanzielle Unterstützung, Unterkunft und Freundschaft anzubieten. Dieses Engagement deckt nicht nur die unmittelbaren Bedürfnisse der Flüchtlinge, sondern trägt auch dazu bei, Brücken zwischen den verschiedenen Gemeinschaften zu bauen und so das Verständnis und den gegenseitigen Respekt zu fördern.

Der Aufbau von Gemeinschaften ist ebenfalls wichtig, um ein integratives und unterstützendes Umfeld für Flüchtlinge zu schaffen. Kirchen und Glaubensgemeinschaften können den sozialen Zusammenhalt fördern, indem sie Räume schaffen, in denen sich Flüchtlinge willkommen und wertgeschätzt fühlen. Dazu können kulturelle Veranstaltungen gehören, die Flüchtlingen die Möglichkeit geben, ihre Geschichten zu erzählen, und soziale Interaktionen ermöglichen, die kulturelle Unterschiede überbrücken. Durch den Aufbau integrativer Gemeinschaften können Christen Flüchtlingen helfen, ihr Leben wieder aufzubauen und ein Gefühl der Zugehörigkeit zu finden.

Bildung und Bewusstseinsbildung

Bildung und Bewusstseinsbildung sind entscheidende Komponenten der christlichen Reaktion auf die Flüchtlingskrise. Indem sie sich selbst und andere über die Ursachen und Herausforderungen der Vertreibung aufklären, können Christen Mythen und falsche Vorstellungen über Flüchtlinge ausräumen. Dazu gehört, dass sie sich mit genauen und mitfühlenden Erzählungen auseinandersetzen, die die Menschlichkeit und Widerstandsfähigkeit von Flüchtlingen hervorheben, Stereotypen entgegenwirken und Empathie fördern.

Die Kirchen können bei dieser Aufklärungsarbeit eine wichtige Rolle spielen, indem sie Workshops, Filmvorführungen und Diskussionen zu Flüchtlingsthemen veranstalten. Diese Veranstaltungen können den Gemeinden ein tieferes Verständnis für die globale Flüchtlingskrise vermitteln und sie zum Handeln anregen. Darüber hinaus können christliche Pädagogen Flüchtlingsgeschichten und Themen der sozialen Gerechtigkeit in ihre Lehrpläne einbauen und so dazu beitragen, eine Generation von Gläubigen heranzuziehen, die sich für Gerechtigkeit und Mitgefühl einsetzen.

Gebet und geistlicher Beistand

Gebet und geistliche Unterstützung sind ebenfalls wichtige Aspekte der christlichen Reaktion auf die Flüchtlingskrise. Das Gebet für Flüchtlinge, das Eintreten für ihre Bedürfnisse in Gottesdiensten und die seelsorgerliche Betreuung sind wichtige Möglichkeiten, Vertriebene zu unterstützen. Geistliche Unterstützung bietet Trost und

Hoffnung und erinnert die Flüchtlinge daran, dass sie nicht allein sind und dass Gott auf ihrem Weg bei ihnen ist. Die Kirchen können Gebete für Flüchtlinge in ihre regulären Gottesdienste einbauen und besondere Gottesdienste der Klage und Solidarität mit Vertriebenen abhalten. Diese gottesdienstlichen Handlungen dienen dazu, die Gemeinde an ihre Verantwortung zu erinnern, sich um die Bedürftigen zu kümmern und in ihrem Namen Gerechtigkeit zu suchen. Die seelsorgerische Betreuung von Flüchtlingen, einschließlich Beratung und geistlicher Begleitung, kann ebenfalls eine wichtige Quelle der Unterstützung sein, die ihnen hilft, ihre Erfahrungen zu verarbeiten und inmitten ihrer Kämpfe Hoffnung zu finden.

Die Auswirkungen von Glaube und Handeln

Wenn wir über soziale Gerechtigkeit und die christliche Antwort darauf nachdenken, werden wir an die tiefgreifende Wirkung erinnert, die Glaube und Handeln bei der Bewältigung der Flüchtlingskrise haben können. Die Lehren und das Beispiel Jesu Christi fordern uns auf, mit Empathie, Mitgefühl und einem Engagement für Gerechtigkeit zu reagieren. Indem sie für die Rechte der Flüchtlinge eintreten, praktische Hilfe leisten und integrative Gemeinschaften aufbauen, können Christen das Leben der Vertriebenen entscheidend verändern.

Darüber hinaus geht es bei der christlichen Antwort auf die Flüchtlingskrise nicht nur darum, auf die Bedürfnisse der Flüchtlinge einzugehen, sondern auch darum, die Kirche und die Gesellschaft zu verändern. Wenn Christen sich für soziale Gerechtigkeit einsetzen, legen sie Zeugnis für das Reich Gottes ab - ein Reich, das durch Gerechtigkeit, Frieden und Freude im Heiligen Geist gekennzeichnet ist (Römer 14,17). Dieses Zeugnis hat die Kraft, die Strukturen der Ungerechtigkeit, die Leid und Vertreibung aufrechterhalten, in Frage zu stellen und zu verändern und die Welt auf einen besseren Weg zu weisen.

Während wir das Leben von Jesus Christus, dem Flüchtling, weiter erforschen, werden wir uns in den folgenden Kapiteln mit Geschichten von Hoffnung und Widerstandskraft befassen und die Stärke und den Mut von Flüchtlingen aufzeigen, die enorme Hindernisse überwunden haben. Auf diese Weise können wir unser Verständnis für die Zusammenhänge zwischen Glauben, Vertreibung und dem Ruf nach Gerechtigkeit vertiefen und uns dazu inspirieren, eine mitfühlendere und integrativere Welt zu schaffen.

Kapitel 14: Geschichten von Hoffnung und Widerstandsfähigkeit

In einer von Konflikten, Vertreibung und Unsicherheit geprägten Welt verkörpern Flüchtlinge die bemerkenswerte Fähigkeit des menschlichen Geistes, zu überleben, zu überwinden und wiederaufzubauen. Ihre Geschichten sind nicht nur Überlebensgeschichten, sondern auch eindrucksvolle Zeugnisse für die Widerstandsfähigkeit und Hoffnung, die selbst unter schwierigsten Bedingungen gedeihen können. Dieses Kapitel befasst sich mit den Geschichten von Flüchtlingen, die ungeheure Hindernisse überwunden haben und gestärkt daraus hervorgegangen sind, und bietet Inspiration und Einblicke in das grenzenlose Potenzial von menschlichem Mut und Entschlossenheit.

Der biblische Bericht über die Flucht der Heiligen Familie nach Ägypten ist eines der frühesten Beispiele für Widerstandskraft im Angesicht von Verfolgung und Vertreibung. Angesichts des drohenden Erlasses von König Herodes, alle männlichen Säuglinge in Bethlehem zu töten, begaben sich Josef, Maria und das Jesuskind auf eine gefahrvolle Reise nach Ägypten. Diese Reise war voller Gefahren, Ungewissheit und der Last des Exils. Doch trotz dieser Entbehrungen fand die Heilige Familie in einem fremden Land Zuflucht, geschützt und geleitet von ihrem unerschütterlichen Glauben. Ihre Rückkehr nach Nazareth nach dem Tod des Herodes bedeutete nicht nur eine Heimkehr, sondern auch ein Zeugnis ihrer Widerstandsfähigkeit - einer Widerstandsfähigkeit, die in Vertrauen, Glauben und göttlichem Schutz wurzelt. Diese uralte Geschichte wirkt auch heute noch bei zahllosen Menschen nach, insbesondere bei denen, die mit den Herausforderungen der Vertreibung konfrontiert sind und Trost in der Stärke ihres Glaubens suchen.

In der heutigen Zeit dient die Geschichte von Malala Yousafzai als tiefgreifendes Beispiel für Widerstandsfähigkeit und die Kraft der Bildung. Die im pakistanischen Swat-Tal geborene Malala setzte sich aufgrund ihrer Leidenschaft für das Lernen für die Bildung von Mädchen in einer Region ein, in der die Taliban diese zu unterdrücken versuchten. Ihr Aktivismus machte sie zur Zielscheibe, und im Alter von 15 Jahren überlebte Malala einen brutalen Mordanschlag. Der Anschlag, der ihre Stimme zum Schweigen bringen sollte, verschaffte ihr stattdessen weltweit Gehör. Malala war gezwungen, aus ihrer Heimat zu fliehen, und fand Zuflucht im Vereinigten Königreich, wo sie ihre Ausbildung und ihr Engagement fortsetzte. Ihr Weg von einem kleinen Dorf in Pakistan bis in die Hallen der Vereinten Nationen, wo sie die jüngste Nobelpreisträgerin aller Zeiten wurde, ist eine beeindruckende Geschichte der Resilienz. Sie unterstreicht die unnachgiebige Stärke derjenigen, die trotz des Traumas der Vertreibung weiter für Gerechtigkeit und Bildung kämpfen.

Die Geschichte von Dr. Denis Mukwege, einem kongolesischen Gynäkologen und Friedensnobelpreisträger, verdeutlicht eine andere Dimension der Resilienz - eine, die im unermüdlichen Streben nach Gerechtigkeit und Heilung wurzelt. In der Demokratischen Republik Kongo, einem von Konflikten und Gewalt geplagten Land, hat Dr. Mukwege sein Leben der medizinischen Versorgung von Überlebenden sexueller Gewalt gewidmet. Seine Arbeit, die er trotz persönlicher Gefährdung und anhaltender Instabilität leistet, hat unzählige Menschenleben gerettet und die Aufmerksamkeit der Weltöffentlichkeit auf die Gräueltaten in seinem Land gelenkt. Obwohl er gezwungen war, aus seiner Heimat zu fliehen, weil sein Leben bedroht war, hat Dr. Mukwege sein Engagement für seine Mission nie aufgegeben. Seine Unverwüstlichkeit ist ein Leuchtfeuer der Hoffnung für Überlebende und ein Aufruf an die Welt, sich den Ungerechtigkeiten zu stellen, die Gewalt und Leid aufrechterhalten. Die Geschichte von Dr. Mukwege erinnert uns eindringlich daran, dass es bei der Resilienz nicht nur ums Überleben geht, sondern auch um den Mut, für eine bessere, gerechtere Welt zu kämpfen.

Die Geschichte von Yusra Mardini fügt unserem Verständnis von Resilienz noch eine weitere Ebene hinzu. Als syrischer Teenager flohen Yusra und ihre Schwester vor dem Krieg in ihrem Heimatland und begaben sich auf eine beschwerliche Reise über das Mittelmeer. Als ihr Boot zu sinken begann, sprangen die Schwestern, die beide gute Schwimmerinnen sind, ins Wasser und verbrachten Stunden damit, das Boot in Sicherheit zu bringen und das Leben der Menschen an Bord zu retten. Nach ihrer Ankunft in Deutschland verfolgte Yusra ihre Leidenschaft für den Schwimmsport und nahm schließlich als Mitglied des Refugee Olympic Team an den Olympischen Spielen 2016 in Rio teil. Ihre Reise aus dem vom Krieg zerrissenen Syrien auf die globale Bühne der Olympischen Spiele ist ein eindrucksvolles Zeugnis für die Stärke und Entschlossenheit von Flüchtlingen. Yusras Geschichte veranschaulicht, dass Flüchtlinge mit Unterstützung und Chancen außergewöhnliche Dinge erreichen und ihr Trauma in einen Triumph verwandeln können.

Diese Geschichten von Hoffnung und Widerstandskraft sind keine Einzelfälle; sie sind Teil eines größeren Gobelin von Flüchtlingserfahrungen auf der ganzen Welt. Von den Rohingya-Flüchtlingen in Bangladesch bis zu den venezolanischen Migranten in Kolumbien bauen unzählige Menschen ihr Leben wieder auf, leisten einen Beitrag zu ihren Gemeinschaften und inspirieren andere mit ihrem Mut und ihrer Ausdauer. Ihre Erfahrungen unterstreichen, wie wichtig es ist, Flüchtlingen die Unterstützung und die Möglichkeiten zu bieten, die sie brauchen, um Herausforderungen zu überwinden und ihr volles Potenzial auszuschöpfen.

Die Unterstützung durch die Gemeinschaft ist entscheidend, um die Widerstandsfähigkeit von Flüchtlingen zu fördern. Organisationen, die Bildung, Berufsausbildung, Gesundheitsfürsorge und Rechtsbeistand anbieten, spielen eine wichtige Rolle, wenn es darum geht, Flüchtlingen bei der Bewältigung der komplexen Probleme der Vertreibung zu helfen. Bildungsprogramme beispielsweise vermitteln den Flüchtlingen die Fähigkeiten, die sie brauchen, um sich in ihre neuen Gemeinschaften zu integrieren und sich eine bessere Zukunft aufzubauen. Eine Berufsausbildung bietet ihnen die Möglichkeit, sich selbst zu versorgen, während Gesundheitsdienste die physischen und psychischen Wunden der Vertreibung behandeln. Rechtsbeistand hilft den Flüchtlingen bei der Bewältigung des oft komplexen und entmutigenden Prozesses der Asylsuche und der Sicherung ihrer Rechte. Diese Formen der Unterstützung sind wichtig, um ein Umfeld zu schaffen, in dem sich Flüchtlinge entfalten können.

Auch Glaubensgemeinschaften spielen eine wichtige Rolle bei der Unterstützung von Flüchtlingen. Indem sie praktische Hilfe, emotionale Unterstützung und geistliche Führung anbieten, helfen Glaubensgemeinschaften den Flüchtlingen, Hoffnung und Heilung zu finden. Das Beispiel Jesu, der seine Erfahrungen als Flüchtling machte und den Ausgegrenzten immer wieder die Hand reichte, fordert die Glaubensgemeinschaften heraus, mit Mitgefühl und Gerechtigkeit zu reagieren. Kirchen und andere religiöse Organisationen können Flüchtlingen ein Gefühl der Zugehörigkeit, eine Gemeinschaft der Unterstützung und die spirituellen Ressourcen bieten, die sie brauchen, um die Herausforderungen der Vertreibung zu bewältigen.

Wenn wir über diese Geschichten von Hoffnung und Widerstandskraft nachdenken, werden wir an die unglaubliche Stärke und das Potenzial von Flüchtlingen erinnert. Ihre Reise ist geprägt von Herausforderungen und Unsicherheiten, aber auch von Hoffnung, Entschlossenheit und einem unerschütterlichen Geist. Indem wir sie unterstützen, für Gerechtigkeit eintreten und integrative Gemeinschaften schaffen, können wir Flüchtlingen helfen, ihr Leben wieder aufzubauen und zu einer mitfühlenderen und gerechteren Welt beizutragen. Diese Geschichten fordern uns heraus, Flüchtlinge nicht als Last zu sehen, sondern als widerstandsfähige Menschen, die viel zu bieten haben. Ihre Erfahrungen erinnern uns daran, dass Resilienz nicht nur darin besteht, Not zu ertragen, sondern auch darin, Widrigkeiten in Chancen, Verzweiflung in Hoffnung und Verlust in Neuanfänge zu verwandeln.

Während wir das Leben von Jesus Christus, dem Flüchtling, weiter erforschen, wird sich das folgende Kapitel auf das Vorwärtskommen konzentrieren: Fürsprache und Handeln. Auf diese Weise können wir unser Verständnis für die Zusammenhänge zwischen Glaube, Vertreibung und dem Ruf nach Gerechtigkeit vertiefen und uns inspirieren lassen, eine mitfühlendere und integrativere Welt zu schaffen. Die Geschichten von Flüchtlingen sind nicht nur Geschichten vom Überleben - sie sind Geschichten von der außergewöhnlichen Widerstandsfähigkeit, die den menschlichen Geist ausmacht. Wenn wir aus diesen Geschichten lernen, können wir besser verstehen, wie wir Flüchtlinge unterstützen und ihnen auf ihrem Weg in eine bessere Zukunft solidarisch zur Seite stehen können.

Kapitel 15: Vorwärtskommen: Advocacy und Aktion

D ie Reise durch das Leben Jesu Christi als Flüchtling hat tiefe
Wahrheiten über Vertreibung, Verletzlichkeit und den
beständigen menschlichen Geist ans Licht gebracht. Doch diese
Erkundung ist unvollständig ohne einen Aufruf zum Handeln - ein
Aufruf, der durch die Korridore der Geschichte hallt und in der
Gegenwart widerhallt und uns dazu drängt, uns mit der Welt um uns
herum auseinanderzusetzen, den Vertriebenen beizustehen und
unermüdlich für Gerechtigkeit zu arbeiten. In diesem Kapitel geht es
darum, Verständnis in Fürsprache und Mitgefühl in Handeln zu
verwandeln, indem praktische Schritte angeboten werden, die von den
Grundsätzen der Gerechtigkeit, des Mitgefühls und der Solidarität
inspiriert sind.

Die Kraft des Eintretens

Advocacy ist nicht nur ein abstraktes Konzept, sondern eine
dynamische, lebendige Kraft, die den Status quo in Frage stellt,
Ungerechtigkeit bekämpft und den Stimmen der Ausgegrenzten
Gehör verschafft. Advocacy ist die Brücke zwischen Verstehen und
Handeln, die das Bewusstsein in greifbare Veränderungen verwandelt.
Es geht darum, das Bewusstsein für die Ursachen von Vertreibung zu
schärfen, die Politik, die Ungerechtigkeit aufrechterhält, in Frage zu
stellen und auf einen Systemwandel hinzuarbeiten, der die Würde und
die Rechte von Flüchtlingen wahrt.

Doch wie sieht Lobbyarbeit in der Praxis aus? Es ist die
unermüdliche Arbeit von Einzelpersonen und Gemeinschaften, die

sich selbst und andere über die Lebensrealitäten von Flüchtlingen aufklären. Es ist das Bemühen, den Stimmen der Flüchtlinge Gehör zu verschaffen und sicherzustellen, dass ihre Geschichten gehört, ihre Erfahrungen anerkannt und ihre Rechte verteidigt werden. Advocacy bedeutet, Briefe an gewählte Vertreter zu schreiben, mit politischen Entscheidungsträgern zu telefonieren und sich mit Abgeordneten zu treffen, um die dringende Notwendigkeit einer mitfühlenden und integrativen Politik zu diskutieren. Es ist die Macht einer gut organisierten Kampagne, die die öffentliche Meinung beeinflussen, Unterstützung mobilisieren und Regierungen dazu bringen kann, humanere und gerechtere Ansätze für den Flüchtlingsschutz zu wählen.

Denken Sie an den Einfluss von Organisationen wie dem Hohen Kommissar der Vereinten Nationen für Flüchtlinge (UNHCR) und dem Internationalen Rettungskomitee (IRC). Diese Organisationen erbringen nicht nur wichtige Dienstleistungen für Flüchtlinge, sondern setzen sich auch auf der globalen Bühne für deren Rechte ein. Durch die Unterstützung dieser Organisationen - sei es durch Spenden, Freiwilligenarbeit oder Partnerschaften - tragen wir zu einer größeren Bewegung bei, die sich für den Schutz und die Stärkung der Rechte von Vertriebenen einsetzt. Unsere gemeinsamen Bemühungen können einen bedeutenden Unterschied machen, die Politik beeinflussen, die öffentliche Wahrnehmung verändern und letztendlich das Leben von Millionen von Flüchtlingen auf der ganzen Welt verbessern.

Mit politischen Entscheidungsträgern zusammenarbeiten

Die Beziehung zwischen Lobbyarbeit und Politik kann nicht hoch genug eingeschätzt werden. Die Lobbyarbeit muss bis in die Schaltzentralen der Macht vordringen, wo Entscheidungen getroffen, Gesetze verfasst und die Zukunft unzähliger Menschen bestimmt werden. Die Kontaktaufnahme mit politischen Entscheidungsträgern ist ein entscheidender Aspekt der Interessenvertretung, der sowohl Ausdauer als auch Strategie erfordert. Dazu gehört die direkte

Kommunikation mit den Verantwortlichen - Briefe schreiben, Anrufe tätigen, Treffen anberaumen - um sicherzustellen, dass die Flüchtlingsproblematik auf der politischen Tagesordnung bleibt. Ein wirksames Engagement geht jedoch über das bloße Äußern von Bedenken hinaus; es beinhaltet den Aufbau von Beziehungen zu politischen Entscheidungsträgern, die Bereitstellung zuverlässiger Informationen und das Angebot konstruktiver Lösungen. Advocacy muss sich an den Gegebenheiten vor Ort orientieren und auf die Erfahrungen der Flüchtlinge und das Fachwissen der Organisationen, die mit ihnen arbeiten, zurückgreifen. Indem sie gut recherchierte, überzeugende Argumente vorbringen, können die Befürworter die öffentliche Politik beeinflussen und sie zu mitfühlenderen und gerechteren Ergebnissen führen.

Öffentliche Kampagnen spielen in diesem Prozess eine entscheidende Rolle. Wenn die Öffentlichkeit mobilisiert wird, wenn die Geschichten von Flüchtlingen in den Vordergrund der Medienberichterstattung gerückt werden und wenn Gemeinschaften Veränderungen fordern, werden die politischen Entscheidungsträger zum Handeln gezwungen. Advocacy-Kampagnen, die sich die Macht der sozialen Medien, die Organisation an der Basis und öffentliche Demonstrationen zunutze machen, können eine Welle der Unterstützung erzeugen, die einen systemischen Wandel vorantreibt. Das ist die Macht des kollektiven Handelns, die Kraft, die das Blatt der öffentlichen Politik wenden und einen dauerhaften Wandel für Flüchtlinge herbeiführen kann.

Die Rolle der Bildung

Bildung ist sowohl ein Mittel zur Interessenvertretung als auch ein Katalysator für Veränderungen. Durch Bildung können wir ein tieferes Verständnis der Flüchtlingsthematik fördern, Mythen ausräumen und Stereotypen in Frage stellen. Schulen, Universitäten und Glaubensgemeinschaften sind in einer einzigartigen Position, um Flüchtlingsstudien in ihre Lehrpläne zu integrieren und Räume für

Lernen, Reflexion und Engagement zu schaffen. Indem wir die nächste Generation über die Ursachen und Folgen von Vertreibung aufklären, statten wir sie mit dem Wissen und der Empathie aus, die sie braucht, um sich für Gerechtigkeit einzusetzen.

Bildungsinitiativen können viele Formen annehmen - Kurse über internationale Beziehungen, die die globale Dynamik von Vertreibung erforschen, Seminare über Menschenrechte, die die Notlage von Flüchtlingen beleuchten, oder Workshops in Gemeinden, die Flüchtlinge und Einheimische zusammenbringen, um ihre Geschichten zu erzählen und gegenseitiges Verständnis aufzubauen. Bei diesen Bildungsmaßnahmen geht es nicht nur um die Vermittlung von Wissen, sondern auch darum, die Herzen und Köpfe zu verändern, zum Handeln anzuregen und eine Kultur der Empathie und Integration zu fördern.

Darüber hinaus geht Bildung über das Klassenzimmer hinaus. Es geht auch darum, Möglichkeiten zu schaffen, sich direkt mit Flüchtlingen zu beschäftigen, sei es durch Freiwilligenprogramme, Praktika oder gemeinnützige Arbeit. Diese Erfahrungen ermöglichen es Studierenden und Gemeindemitgliedern, die Herausforderungen, mit denen Flüchtlinge konfrontiert sind, aus erster Hand zu erfahren und zu ihrer Unterstützung beizutragen. Durch die Überbrückung der Kluft zwischen Theorie und Praxis kann die Bildung eine neue Generation von Befürwortern inspirieren, die sich für den Aufbau einer gerechteren und mitfühlenderen Welt einsetzen.

Aufbau integrativer Gemeinschaften

Die Integration und das Wohlergehen von Flüchtlingen hängen nicht nur von der Politik ab, sondern auch von den Gemeinschaften, die sie aufnehmen. Insbesondere Glaubensgemeinschaften haben die einmalige Gelegenheit - und die Verantwortung - ein integratives Umfeld zu schaffen, das ein Gefühl der Zugehörigkeit fördert. Diese Gemeinschaften können als Zufluchtsorte der Unterstützung dienen und den Flüchtlingen sowohl praktische Hilfe als auch emotionale Ermutigung beim Wiederaufbau ihres Lebens bieten.

Zum Aufbau integrativer Gemeinschaften gehört mehr als nur das Öffnen von Türen; es erfordert ein Engagement für Vielfalt, die Förderung von Integration und den aktiven Abbau von Barrieren, die Flüchtlinge an der vollen Teilhabe an der Gesellschaft hindern. Dazu kann das Angebot von Sprach- und Berufsausbildungsprogrammen, die Bereitstellung von Räumen für den sozialen und kulturellen Austausch und die Erleichterung des Zugangs zu Ressourcen und Dienstleistungen gehören. Indem sie ein Umfeld schaffen, in dem sich Flüchtlinge wertgeschätzt und unterstützt fühlen, können Glaubensgemeinschaften ihnen helfen, sich zu entfalten, zum Reichtum ihrer neuen Heimat beizutragen und sinnvolle Beziehungen zu ihren Nachbarn aufzubauen.

Die Bemühungen um den Aufbau von Gemeinschaften müssen sich auch mit der breiteren sozialen Dynamik befassen, die Flüchtlinge betrifft, wie Diskriminierung, Fremdenfeindlichkeit und soziale Ausgrenzung. Glaubensgemeinschaften können eine führende Rolle dabei spielen, diese negativen Einstellungen zu bekämpfen, Toleranz zu fördern und eine Kultur der Gastfreundschaft zu pflegen. Dazu gehört nicht nur die Aufnahme von Flüchtlingen, sondern auch das Eintreten für ihre Rechte und das Eintreten gegen jede Form von Ungerechtigkeit oder Diskriminierung, der sie ausgesetzt sind. Indem wir integrative Gemeinschaften schaffen, können wir Flüchtlingen helfen, ihr Leben in Würde und Hoffnung wieder aufzubauen.

Direkter Dienst: Ein greifbarer Ausdruck des Mitgefühls

Auch wenn Lobbyarbeit und Aufklärung wichtig sind, bietet der direkte Dienst eine unmittelbare und greifbare Möglichkeit, Flüchtlinge zu unterstützen. Die freiwillige Mitarbeit in Organisationen, die Lebensmittel, Unterkünfte, medizinische Versorgung und Rechtsbeistand bereitstellen, kann das Leben der Vertriebenen nachhaltig beeinflussen. Diese Hilfeleistungen sind

Ausdruck des Mitgefühls und erfüllen die unmittelbaren Bedürfnisse der Flüchtlinge und helfen ihnen, die Herausforderungen der Neuansiedlung zu bewältigen.

Mentorenprogramme sind eine weitere wirkungsvolle Form der direkten Hilfe. Indem sie Flüchtlinge mit einheimischen Gemeindemitgliedern zusammenbringen, bieten diese Programme Anleitung, Freundschaft und praktische Unterstützung. Die Mentoren können den Flüchtlingen helfen, sich in ihrem neuen Umfeld zurechtzufinden, indem sie ihnen bei allem helfen, vom Spracherwerb über die Arbeitssuche bis hin zum Verständnis kultureller Normen. Diese Beziehungen bieten nicht nur praktische Hilfe, sondern schaffen auch Vertrauen und gegenseitiges Verständnis und fördern so tiefere Verbindungen zwischen Flüchtlingen und ihren neuen Gemeinschaften.

Zu den Dienstleistungen gehört auch die Berücksichtigung der besonderen Bedürfnisse gefährdeter Bevölkerungsgruppen innerhalb der Flüchtlingsgemeinschaft, wie Kinder, Frauen und ältere Menschen. Maßgeschneiderte Programme, die Bildung, Kinderbetreuung, psychische Unterstützung und Schutz vor Ausbeutung bieten, sind wichtig, um sicherzustellen, dass alle Flüchtlinge die Betreuung und Unterstützung erhalten, die sie benötigen. Diese Bemühungen spiegeln einen ganzheitlichen Ansatz wider, der die unterschiedlichen Bedürfnisse von Flüchtlingen anerkennt und versucht, ihnen auf umfassende und mitfühlende Weise zu begegnen.

Die Kraft des Gebets und der spirituellen Unterstützung

Gebet und geistliche Unterstützung sind ein wesentlicher Bestandteil der christlichen Antwort auf die Flüchtlingskrise. Das Gebet ist nicht nur ein privater Akt der Hingabe; es ist eine kraftvolle Form der Fürsprache, die uns mit den Kämpfen der Flüchtlinge und mit der göttlichen Quelle der Gerechtigkeit und des Mitgefühls verbindet. Indem sie für Flüchtlinge beten, ihre Bedürfnisse in die Gottesdienste einbeziehen und seelsorgerische Betreuung anbieten,

bieten Glaubensgemeinschaften den Vertriebenen geistlichen Trost und Solidarität.

Gebetswachen, interreligiöse Gottesdienste und andere gemeinschaftliche gottesdienstliche Handlungen können ebenfalls als kraftvoller Ausdruck der Solidarität mit Flüchtlingen dienen. Diese Veranstaltungen bringen Menschen verschiedener Glaubensrichtungen und Hintergründe zusammen, um den Flüchtlingen in ihrer Not beizustehen und für Frieden, Gerechtigkeit und Heilung zu beten. Sie schärfen auch das Bewusstsein in der breiteren Gemeinschaft und erinnern uns an unsere gemeinsame Verantwortung, uns um die Schwachen zu kümmern und in ihrem Namen Gerechtigkeit zu suchen.

Neben dem Gebet umfasst die spirituelle Unterstützung auch die seelsorgerische Betreuung von Flüchtlingen und bietet ihnen Anleitung, Beratung und Ermutigung bei der Bewältigung der Herausforderungen der Vertreibung. Diese Unterstützung kann den Flüchtlingen helfen, Hoffnung und Heilung zu finden, und sie daran erinnern, dass sie nicht allein sind und dass Gott auf ihrem Weg bei ihnen ist. Geistliche Unterstützung ist ein wesentlicher Bestandteil der christlichen Antwort auf die Flüchtlingskrise und spiegelt das tiefe Mitgefühl und die Liebe wider, die im Mittelpunkt des Evangeliums stehen.

Schlussfolgerung: Ein Aufruf zum Handeln

Das Leben von Jesus Christus, dem Flüchtling, erinnert uns eindringlich an den göttlichen Ruf zu Gerechtigkeit, Mitgefühl und Handeln. Sein Leben und seine Lehren fordern uns auf, uns an die Seite der Ausgegrenzten und Unterdrückten zu stellen, für ihre Rechte einzutreten und uns für eine Welt einzusetzen, in der alle Menschen in Sicherheit und Würde leben können. Wenn wir diesem Aufruf folgen, können wir das Leben von Flüchtlingen entscheidend verändern und zu einer gerechteren und mitfühlenderen Welt beitragen.

JESUS-CHRISTUS, DER FLÜCHTLING!

Lassen Sie uns auf unserem weiteren Weg die Lehren und Einsichten mitnehmen, die wir aus dieser Erkundung von Glaube, Vertreibung und Gerechtigkeit gewonnen haben. Denken wir daran, dass jeder Akt der Fürsprache, jede Geste der Unterstützung und jedes Gebet für Gerechtigkeit einen Unterschied macht. Gemeinsam können wir eine Zukunft schaffen, in der alle Menschen, unabhängig von ihren Lebensumständen, in Würde, Hoffnung und Frieden leben können.

Die Reise ist hier nicht zu Ende. Sie beginnt mit jedem Schritt, den wir in Richtung Fürsprache, Aktion und Mitgefühl machen, von neuem. Lassen Sie uns die Hände und Füße Christi in einer Welt sein, die seine Gerechtigkeit und Liebe so dringend braucht. Lassen Sie uns eine Zukunft aufbauen, in der alle Menschen Zuflucht und Zugehörigkeit finden können, in der der Fremde willkommen ist und in der das Antlitz Christi in den Gesichtern der Vertriebenen zu sehen ist. Das ist unser Ruf, unser Auftrag und unser Vorrecht als Nachfolger Christi. Als letzte Station unserer Reflexionsreise wollen wir im Rahmen einer umfassenden theologischen Untersuchung einen neuen Archetypus von „Jesus-Christus, dem Proto-Flüchtling" betrachten.

Kapitel 16. Jesus-Christus, der Proto-Flüchtling: Eine umfassende theologische Erkundung

Einleitung: Enthüllung eines neuen Paradigmas
In den Annalen der christlichen Theologie ist Jesus Christus die Inbegriffsfigur, die eine Brücke zwischen dem göttlichen und dem menschlichen Bereich schlägt. Seit mehr als zwei Jahrtausenden ist sein Leben Gegenstand eingehender Überlegungen, die sich häufig auf seine Göttlichkeit, sein Menschsein und seine Erlösungsmission konzentrieren. Ein wichtiger, aber oft vernachlässigter Aspekt seiner Existenz ist jedoch seine Erfahrung als Flüchtling. Dieses Kapitel, der Höhepunkt unserer Reise, bietet einen innovativen theologischen Ansatz, der Jesus Christus als den Proto-Flüchtling vorstellt, ein Konzept, das nicht nur den Flüchtlingsstatus neu definiert, sondern auch ein tieferes Verständnis von Gottes Gegenwart inmitten von menschlicher Vertreibung und Leid vermittelt.

Die Gestalt Jesu Christi steht seit mehr als zweitausend Jahren im Zentrum der christlichen Theologie und verkörpert das Geheimnis des fleischgewordenen Gottes, das Zusammentreffen von Himmel und Erde und die endgültige Offenbarung von Gottes Liebe und Bestimmung für die Menschheit. Der traditionelle Schwerpunkt der christologischen Überlegungen lag in erster Linie auf seiner Göttlichkeit, seiner Menschlichkeit und seiner Rolle als Erlöser, der die Menschheit von Sünde und Tod befreit. In der reichen Geschichte des Lebens und Wirkens Jesu gibt es jedoch eine Dimension, die oft in den Schatten gestellt wurde, die aber tiefgreifende Auswirkungen darauf hat, wie wir die Überschneidung von Theologie, Leiden und menschlicher Vertreibung verstehen: Jesus Christus als der Protoflüchtling.

In dieser Einführung beginnen wir zu untersuchen, was es bedeutet, Jesus nicht nur als den Erlöser, sondern als den Flüchtlingserlöser zu sehen - einen, der die Erfahrung der Vertriebenen, der Ausgegrenzten und der Unterdrückten verkörpert. Diese Perspektive enthüllt ein neues Paradigma in der theologischen Reflexion, das unser Verständnis von Gottes Gegenwart in der Welt, insbesondere im Leben der Schwächsten, herausfordert und vertieft.

Der traditionelle christologische Fokus: Göttlichkeit, Menschlichkeit und Erlösung

Die christliche Theologie befasst sich seit langem mit der Doppelnatur Christi - voll göttlich und voll menschlich. Dieser lehrmäßige Eckpfeiler hat die Art und Weise geprägt, wie Gläubige die Rolle Jesu in der Heilsgeschichte verstehen. Die frühen Kirchenkonzilien wie die von Nizäa und Chalkedon haben das Geheimnis der Menschwerdung formuliert und bekräftigt, dass in Jesus Christus die Fülle Gottes leibhaftig wohnte, während er gleichzeitig voll und ganz an der menschlichen Existenz teilnahm.

Dieser traditionelle Schwerpunkt hat wichtige Aspekte des christlichen Glaubens beleuchtet: Jesus als das fleischgewordene göttliche Wort, der vollkommene Vermittler zwischen Gott und der Menschheit und das Opferlamm, das die Sünden der Welt wegnimmt. Diese Themen haben den theologischen Diskurs beherrscht und oft die transzendenten Aspekte der Mission Christi betont - seine Wunder, seine Lehren, sein Tod und seine Auferstehung als Mittel, durch das die Menschheit mit Gott versöhnt wird.

Obwohl diese Aspekte für den christlichen Glauben von zentraler Bedeutung sind, haben sie manchmal zu einer Unterbetonung der gelebten Erfahrungen Jesu als Mensch geführt, insbesondere seiner Erfahrungen des Leidens, der Ausgrenzung und der Vertreibung. Die

Erzählung von Jesus als dem Proto-Flüchtling bietet ein Korrektiv für dieses Ungleichgewicht, indem sie die Realität in den Vordergrund rückt, dass der Erlöser der Welt auch einer war, der den Schmerz des Flüchtlings-, Exil- und Ausgestoßenendaseins sehr gut kannte.

Das neue Paradigma: Jesus Christus als der Proto-Flüchtling

Von Jesus als dem Proto-Flüchtling zu sprechen, bedeutet, sich auf eine theologische Erkundung einzulassen, die neu definiert, wie wir seine Mission und Identität verstehen. Dieses neue Paradigma verlagert den Schwerpunkt von abstrakten Lehren auf die konkreten Realitäten des menschlichen Leidens und der Vertreibung. Es lädt uns ein, Jesus nicht nur als den transzendenten Erlöser zu sehen, sondern als einen, der voll und ganz an den Kämpfen der Schwächsten teilnimmt und ihre Erfahrungen in den Mittelpunkt der Erlösungsgeschichte stellt.

Der Begriff „Proto-Flüchtling" ist bedeutsam, weil er Jesus als den ersten unter vielen, als Urbild aller Vertriebenen positioniert. Seine Flucht nach Ägypten als Säugling, sein wandernder Dienst, bei dem er „nirgendwo sein Haupt hinlegen konnte" (Matthäus 8,20), und seine Kreuzigung vor den Toren Jerusalems - all diese Erfahrungen verankern Jesus fest in der Erzählung von Vertreibung und Exil. Diese Identifikation mit der Flüchtlingserfahrung ist nicht zufällig, sondern ein wesentlicher Bestandteil seiner Mission. Sie zeigt, dass Gottes Erlösungswerk sich nicht nur mit abstrakten geistlichen Wahrheiten befasst, sondern zutiefst mit den Realitäten des menschlichen Leidens und der Vertreibung verbunden ist.

Theologische Implikationen: Neudefinition des Flüchtlingsstatus

Dieses neue Paradigma hat tiefgreifende Auswirkungen darauf, wie wir das Konzept des Flüchtlingsstatus selbst verstehen. In der säkularen Welt werden Flüchtlinge oft durch die Brille der Krise gesehen, als Probleme, die gelöst werden müssen, oder als Lasten, die es zu bewältigen gilt. Wenn wir jedoch den Flüchtlingsstatus durch die Linse des Lebens Jesu betrachten, wird er zu etwas viel Größerem. Er wird zu einer theologischen Kategorie, die den Kern dessen anspricht, was es bedeutet, in einer gefallenen Welt Mensch zu sein - einer Welt, in der Sünde, Gewalt und Ungerechtigkeit Menschen oft dazu zwingen, aus ihrer Heimat zu fliehen und in fremden Ländern Zuflucht zu suchen.

Indem er sich mit den Flüchtlingen identifiziert, definiert Jesus neu, was es heißt, vertrieben zu sein. In ihm wird die Erfahrung des Flüchtlings geheiligt und von einem Zustand des bloßen Überlebens in eine Reise verwandelt, die mit göttlicher Bedeutung erfüllt ist. Der Flüchtlingsstatus ist daher nicht nur ein sozialer oder politischer Zustand; er ist eine geistliche Realität, die den allgemeinen menschlichen Zustand des Exils und die Sehnsucht nach Heimat widerspiegelt - eine Heimat, die nach christlichem Verständnis letztlich in Gott zu finden ist.

Gottes Gegenwart in der Vertreibung von Menschen: Eine Theologie der Solidarität

In diesem neuen Paradigma sind wir auch aufgefordert, neu zu überdenken, wo und wie wir Gottes Gegenwart in der Welt wahrnehmen. In der traditionellen Theologie wird die Gegenwart Gottes oft mit heiligen Räumen, religiösen Ritualen und Momenten spiritueller Transzendenz in Verbindung gebracht. Das Konzept von Jesus als Proto-Flüchtling fordert uns jedoch heraus, Gottes Gegenwart am deutlichsten an den Orten des menschlichen Leidens und der Vertreibung zu sehen.

Diese Perspektive verlagert den Ort des göttlichen Handelns von den Zentren der Macht und des Privilegs an die Ränder der Gesellschaft, wo die Vertriebenen und Ausgegrenzten leben. In Jesus ist Gott nicht nur bei denen gegenwärtig, die in Sicherheit und Komfort leben, sondern auch bei den Flüchtlingen, den Ausgestoßenen und den Unterdrückten. Dieses Verständnis von Gottes Gegenwart, die tief mit den Erfahrungen der Ausgegrenzten verwoben ist, hat weitreichende Auswirkungen auf das Verständnis der Kirche von ihrer Mission und ihrer Rolle in der Welt.

Die Antwort der Kirche: Ein Aufruf zu radikaler Solidarität
Wenn Jesus Christus der Proto-Flüchtling ist, dann ist die Kirche
als sein Leib zu radikaler Solidarität mit allen Vertriebenen aufgerufen.
Dies ist nicht nur eine Frage der sozialen Gerechtigkeit, sondern ein
theologisches Gebot. Die Kirche ist berufen, eine Zuflucht, ein
Heiligtum für diejenigen zu sein, die von der Gesellschaft verstoßen
und abgelehnt wurden. Indem sie dies tut, erfüllt die Kirche nicht nur
ihren Auftrag, andere zu lieben und ihnen zu dienen, sondern begegnet
auch Christus selbst in der Person des Flüchtlings.

Dieser Aufruf zur Solidarität fordert die Kirche heraus, über die
bloße Nächstenliebe hinauszugehen und sich tiefgreifend und
transformativ mit den Realitäten der Vertreibung auseinanderzusetzen.
Er lädt die Kirche ein, für Gerechtigkeit einzutreten, sich an die Seite
derer zu stellen, die an den Rand gedrängt werden, und eine
prophetische Stimme gegen die Kräfte der Gewalt und Unterdrückung
zu sein, die Flüchtlinge überhaupt erst hervorbringen. Auf diese Weise
wird die Kirche zu einem lebendigen Zeugnis für das neue Paradigma
von Jesus Christus als dem Erlöser der Flüchtlinge und verkörpert seine
Gegenwart in einer Welt, die ihn so dringend braucht.

Entschleierung des Flüchtlingserlösers
Indem wir dieses neue Paradigma von Jesus Christus als dem
Proto-Flüchtling enthüllen, werden wir zu einem tieferen und
verwandelnden Verständnis dessen eingeladen, wer er ist und was sein
Leben für die Welt bedeutet. Diese Perspektive schmälert nicht die
traditionellen Aspekte der Christologie, sondern bereichert sie, indem
sie Bedeutungsebenen hinzufügt, die direkt zu den Realitäten unserer
Zeit sprechen.

Jesus, der Erlöser der Flüchtlinge, ist nicht nur eine Gestalt der
Vergangenheit, sondern eine lebendige Gegenwart, die weiterhin mit
den Vertriebenen geht, mit den Ausgegrenzten leidet und allen, die
verloren sind, Hoffnung und Erlösung bietet. Wenn wir uns diese
Vision von Christus zu eigen machen, sind wir aufgerufen, ihm in die

Randgebiete zu folgen, das Antlitz Gottes im Flüchtling zu sehen und an seinem Erlösungswerk in der Welt teilzuhaben. Dies ist das neue Paradigma, ein Paradigma, das nicht nur unsere Theologie, sondern auch unser Leben und unsere Gemeinschaften verändert und uns immer näher an das Herz Gottes heranführt, das sich im Leben des Flüchtlingserlösers offenbart.

1. Die Flucht nach Ägypten: Ein zentrales Ereignis in der Flüchtlingstheologie

Die Geschichte der Flucht der Heiligen Familie nach Ägypten, die in Matthäus 2,13-15 geschildert wird, ist mehr als eine Erzählung über eine Flucht - sie ist ein grundlegendes Ereignis, das unser Verständnis von Jesus als dem Proto-Flüchtling prägt. Die Bedrohung von Jesu Leben durch König Herodes zwang die Familie, aus ihrer Heimat zu fliehen, und verkörpert damit die Quintessenz der Erfahrung von Flüchtlingen in der Geschichte: die erschütternde Reise aus der Sicherheit in die Ungewissheit, aus der Heimat in die Fremde.

Diese Episode, die oft in den Hintergrund des frühen Lebens Christi gerückt wird, ist von tiefer theologischer Bedeutung. Sie ist nicht nur ein Vorläufer seines öffentlichen Wirkens, sondern auch eine Aussage über die intime Beteiligung des Göttlichen an der menschlichen Erfahrung des Leidens. Der Status Jesu als Flüchtling seit seiner Kindheit unterstreicht die Solidarität Gottes mit den Vertriebenen und Ausgegrenzten, indem er die göttliche Gegenwart mit den Menschen am Rande der Gesellschaft in Einklang bringt.

Die Flucht der Heiligen Familie nach Ägypten, wie sie im Matthäus-Evangelium (2,13-15) geschildert wird, ist ein Moment von tiefgreifender Bedeutung, der im traditionellen christologischen Diskurs oft unterschätzt worden ist. Doch in dieser scheinbar kurzen und nebensächlichen Episode liegt eine tiefe Quelle theologischer Bedeutung, insbesondere wenn man sie durch die Brille der Flüchtlingstheologie betrachtet.

Historischer und biblischer Kontext

Um das theologische Gewicht dieses Ereignisses voll zu erfassen, muss man zunächst den historischen und biblischen Kontext betrachten, in dem es stattfindet. Der Hintergrund der Flucht nach Ägypten ist geprägt von der tyrannischen Herrschaft des Königs Herodes, eines Herrschers, dessen Paranoia und Rücksichtslosigkeit ihn dazu trieb, das Massaker an allen männlichen Säuglingen in Bethlehem anzuordnen - ein grausamer Akt, der darauf abzielte, jede potenzielle Bedrohung für seinen Thron auszuschalten. In diesem Kontext ist die Flucht nach Ägypten nicht nur ein Akt der Flucht, sondern eine erzwungene Migration, die durch ein gewalttätiges und unterdrückerisches Regime ausgelöst wurde.

Diese Episode steht in engem Zusammenhang mit den Erfahrungen zahlloser Flüchtlinge im Laufe der Geschichte, die aufgrund von Verfolgung, Gewalt und existenzieller Bedrohung gezwungen waren, aus ihrer Heimat zu fliehen. Die Flucht der Heiligen Familie ist daher keine isolierte biblische Erzählung, sondern ein Mikrokosmos für die allgemeine, immer wiederkehrende menschliche Erfahrung der Vertreibung.

Theologische Implikationen: Gottes Solidarität mit den Vertriebenen

Theologisch gesehen bedeutet die Flucht nach Ägypten viel mehr als ein göttliches Eingreifen zum Schutz des Jesuskindes. Sie steht für die tiefe Identifikation Gottes mit den Vertriebenen und Verfolgten. Durch die Entscheidung, das irdische Leben Jesu mit einem Akt der erzwungenen Migration zu beginnen, richtet Gott seine göttliche Gegenwart auf diejenigen aus, die am verletzlichsten sind - diejenigen, die ihrer Heimat, ihrer Sicherheit und oft auch ihrer Würde beraubt wurden.

Dieses Ereignis stellt die traditionellen Vorstellungen von göttlicher Macht und Gegenwart in Frage. Gott bleibt in der Person Jesu nicht auf Distanz zum menschlichen Leid oder beobachtet es von einem Ort der Sicherheit und des Komforts aus. Stattdessen begibt sich

JESUS-CHRISTUS, DER FLÜCHTLING!

Gott in das Herz der menschlichen Zerbrechlichkeit und Gefahr. Der Status der Heiligen Familie als Flüchtlinge wird zu einem kraftvollen Symbol der göttlichen Solidarität mit allen, die ausgegrenzt und unterdrückt sind.

Darüber hinaus geht es bei dieser Flucht nach Ägypten nicht nur um physische Sicherheit; sie ist ein tiefes Symbol für eine Reise ins Ungewisse, eine Reise, die jeder Flüchtling unternehmen muss. Sie verkörpert die Ungewissheit, die Angst und die Hoffnung, die die Erfahrung der Flüchtlinge kennzeichnen. Diese Reise spiegelt auch die spirituelle Pilgerreise wider, zu der alle Gläubigen aufgerufen sind - eine Reise des Glaubens, die oft durch Prüfungen und Leiden führt, mit dem Versprechen göttlicher Begleitung und endgültiger Erlösung.

Die typologische Verbindung: Jesus als das neue Israel

In der umfassenderen Erzählung der Heilsgeschichte hat die Flucht nach Ägypten eine typologische Bedeutung. So wie Israel, das auserwählte Volk Gottes, einst nach Jahren der Knechtschaft aus Ägypten herausgeführt wurde, so kommt auch Jesus, das wahre Israel, aus Ägypten heraus. Das Matthäus-Evangelium stellt diese Parallele bewusst her und zitiert den Propheten Hosea: „Aus Ägypten habe ich meinen Sohn gerufen" (Hosea 11,1, Matthäus 2,15). Diese Typologie hebt Jesus als die Erfüllung des Schicksals Israels hervor, der die Geschichte des Volkes Gottes in seinem eigenen Leben rekapituliert.

Doch im Gegensatz zu den Israeliten, die aus Ägypten flohen, um der Unterdrückung zu entkommen, betritt Jesus Ägypten als Flüchtling. Diese Umkehrung unterstreicht die tiefe Demut der Menschwerdung - Gott befreit sein Volk nicht nur vom Leid, sondern tritt in ihr Leid ein und erfährt die Realität von Exil und Vertreibung aus erster Hand. Auf diese Weise wird die Flucht Jesu nach Ägypten zu einem Schlüsselmoment, der unser Verständnis von göttlichem Handeln neu bestimmt: Gott ist nicht nur der Befreier aus dem Exil, sondern auch der Begleiter im Exil.

Ein neues Paradigma für die Flüchtlingstheologie

Die Flucht nach Ägypten lädt dazu ein, unser Verständnis des Flüchtlingsstatus in einem theologischen Rahmen neu zu bewerten. Sie erhebt die Erfahrung des Flüchtlings von einem Zustand des bloßen Überlebens zu einem Zustand von theologischer Bedeutung. Die Vertreibung der Heiligen Familie ist kein zufälliges Detail, sondern ein bewusster Teil der göttlichen Erzählung. Sie fordert die Kirche heraus, den Flüchtling nicht als Randfigur zu sehen, sondern als zentralen Bestandteil der Heilsgeschichte.

In diesem Licht dient die Flucht nach Ägypten als kraftvolle Kritik an jeder Theologie, die die Not der Vertriebenen übersieht oder sie an den Rand des christlichen Interesses rückt. Sie fordert eine Theologie, die die Gegenwart Christi im Flüchtling anerkennt, eine Theologie, die Solidarität mit den Vertriebenen als Kernaspekt der christlichen Nachfolge fordert.

Die Antwort der Kirche: Die Reise der Heiligen Familie nachahmen

Für die Kirche von heute ist die Flucht nach Ägypten ein Modell dafür, wie wir uns mit der Realität der Flüchtlinge in unserer Welt auseinandersetzen können. So wie die Heilige Familie in einem fremden Land Zuflucht fand, so muss auch die Kirche ein Ort der Zuflucht und des Schutzes für diejenigen werden, die vor Verfolgung und Gewalt fliehen. Dies ist nicht nur ein Akt der Nächstenliebe, sondern ein Ausdruck des Verständnisses der Kirche von ihrer eigenen Identität - einer Identität, die untrennbar mit der Erfahrung verbunden ist, ein Pilger und ein Gast zu sein.

Zusammenfassend lässt sich sagen, dass die Flucht nach Ägypten ein zentrales Ereignis in der Flüchtlingstheologie ist, weil es das Wesen der Identifikation Gottes mit den Vertriebenen auf den Punkt bringt. Es fordert Christen heraus, die Erfahrung von Flüchtlingen nicht als eine Anomalie zu betrachten, sondern als einen Schlüsselaspekt der menschlichen Existenz, in die Gott einzutreten und sie zu erlösen beschlossen hat. Durch diese Linse beginnen wir, den Flüchtling nicht als einen fernen Anderen zu sehen, sondern als einen Träger des göttlichen Bildes, einen, in dem wir der Gegenwart Christi selbst begegnen.

2. Inkarnation und Vertreibung: Eine tiefere Solidarität

Die Lehre von der Inkarnation besagt, dass Gott in der Person Jesu Fleisch geworden ist und die menschliche Natur vollständig angenommen hat. Indem wir Jesus als den Proto-Flüchtling anerkennen, erweitern wir dieses Verständnis um die göttliche Solidarität mit den Vertriebenen. Indem er zum Flüchtling wird, nimmt Jesus nicht nur die menschliche Natur an, sondern auch die Verletzlichkeit und Instabilität, die die Erfahrung der Flüchtlinge kennzeichnen.

Dieser Aspekt der Inkarnation macht den Zustand des Flüchtlings zu einem Ort der göttlichen Gegenwart. Gottes Identifikation mit der Menschheit erstreckt sich auf diejenigen, die sich in den prekärsten Verhältnissen befinden, und stellt die traditionellen Vorstellungen davon in Frage, wo das Göttliche am stärksten zu spüren ist. Die Erfahrung von Flüchtlingen, die oft als tragische Folge von Sünde und Ungerechtigkeit betrachtet wird, wird stattdessen als ein Raum gesehen, in dem Gottes Gegenwart zutiefst spürbar ist.

Die Lehre von der Inkarnation, einer der Eckpfeiler der christlichen Theologie, ist das tiefe Geheimnis der Menschwerdung Gottes in der Person Jesu Christi. Traditionell wird diese Lehre für ihre Offenbarung von Gottes intimer Beteiligung an der menschlichen Existenz gefeiert - Gott tritt in die Geschichte ein, nimmt menschliche Natur an und lebt unter uns. Betrachtet man die Inkarnation jedoch durch die Brille der Vertreibung, erhält sie eine noch tiefere Bedeutung und enthüllt eine göttliche Solidarität mit denjenigen, die die prekärsten und verletzlichsten Bedingungen der menschlichen Existenz erleben.

Die Inkarnation als göttliche Teilhabe an der menschlichen Zerbrechlichkeit

Die Inkarnation wird oft als der letzte Akt der Demut Gottes verstanden, in dem sich der Schöpfer des Universums herablässt, Teil der geschaffenen Ordnung zu werden. Dieser Akt ist nicht nur eine göttliche Geste des Mitgefühls, sondern eine radikale Identifikation mit der Menschheit in ihrer Gesamtheit. Wenn wir die Inkarnation im Kontext der Vertreibung betrachten, wird diese Identifikation sogar noch tiefgreifender. Gott tritt nicht in einer Position der Macht oder des Privilegs in die Menschheit ein, sondern in einem Zustand der Verwundbarkeit und Ausgrenzung.

Jesus, der in einer bescheidenen Krippe geboren wird, wird sofort zum Flüchtling und flieht mit seiner Familie nach Ägypten, um den mörderischen Absichten des Herodes zu entkommen. Diese Erzählung macht deutlich, dass Jesus von Beginn seines irdischen Lebens an die Erfahrung derer teilt, die entwurzelt und gezwungen sind, in fremden Ländern Zuflucht zu suchen. Bei der Menschwerdung geht es also nicht nur darum, dass Gott menschliche Gestalt annimmt - es geht darum, dass Gott die menschliche Erfahrung der Vertreibung, der Heimatlosigkeit und der Abhängigkeit von der Barmherzigkeit der Fremden annimmt.

Verdrängung als theologische Kategorie

Um die volle Tragweite der Inkarnation durch die Linse der Vertreibung zu verstehen, müssen wir zunächst Vertreibung als eine bedeutende theologische Kategorie anerkennen. Vertreibung ist in diesem Sinne nicht auf den physischen Akt des Umzugs von einem Ort zum anderen beschränkt, sondern umfasst die umfassendere menschliche Erfahrung von Entfremdung, Verletzlichkeit und der Suche nach Zugehörigkeit.

Das Leben Jesu, beginnend mit seinem Status als Flüchtling, spiegelt diese umfassendere Realität wider. Sein gesamtes Wirken kann als eine Vertreibung angesehen werden - nicht nur im wörtlichen Sinne, da er ohne festen Wohnsitz von Ort zu Ort reiste, sondern auch in einem geistlichen und sozialen Sinne. Jesus wurde oft an den Rand gedrängt, missverstanden und abgelehnt und verkörperte so die Erfahrung derer, die am Rande der Gesellschaft leben. Diese Erfahrung steht im Mittelpunkt des menschlichen Daseins und ist eine Erfahrung, die Gott in Christus vollständig annimmt.

Indem er sich auf diese Erfahrung einlässt, offenbart die Inkarnation, dass Gott dem Leiden der Vertriebenen nicht fernsteht, sondern in ihm selbst gegenwärtig ist. Vertreibung ist also nicht nur eine Folge von Sünde oder sozialer Ungerechtigkeit; sie ist ein Raum, in dem Gott zu wohnen beschließt. In Jesus identifiziert sich Gott nicht nur mit den Vertriebenen, sondern heiligt auch die Erfahrung der Vertreibung und verwandelt sie in einen Ort der göttlichen Begegnung und Gnade.

Die Solidarität des fleischgewordenen Wortes

Die Solidarität, die die Inkarnation zwischen Gott und der Menschheit herstellt, ist also eine Solidarität, die im Kontext der Vertreibung am tiefsten zum Ausdruck kommt. Diese Solidarität ist nicht abstrakt oder symbolisch - sie ist real, greifbar und in der gelebten Erfahrung Jesu begründet. Indem er sich in der besonderen Situation eines Flüchtlings inkarniert, offenbart Jesus, dass Gottes Solidarität mit der Menschheit unter den am meisten gefährdeten Menschen besonders ausgeprägt ist.

Diese göttliche Solidarität stellt unser Verständnis davon in Frage, wo und wie Gott in der Welt gegenwärtig ist. Traditionell wird die Gegenwart Gottes mit Tempeln, Kirchen oder anderen heiligen Räumen in Verbindung gebracht. Die Inkarnation zeigt jedoch, insbesondere wenn sie durch die Brille der Vertreibung betrachtet wird, dass Gottes Gegenwart bei den Vertriebenen, den Obdachlosen und den Ausgegrenzten zu finden ist. Dies sind die Orte, an denen sich das fleischgewordene Wort niederlässt, und hier kommt die Fülle der Solidarität Gottes mit der Menschheit am deutlichsten zum Ausdruck.

Die theologischen Implikationen der göttlichen Verlagerung

Der Gedanke, dass Gott in der Erfahrung der Vertreibung am stärksten gegenwärtig ist, hat tiefgreifende theologische Implikationen. Erstens wird dadurch der Begriff der Heiligkeit neu definiert. Heiligkeit wird oft mit Reinheit, Abgrenzung und der Heiligkeit bestimmter Orte oder Rituale in Verbindung gebracht. Wenn sich Gottes Gegenwart jedoch am stärksten in der Vertreibung verwirklicht, dann ist Heiligkeit nicht in der Trennung von der Welt zu finden, sondern inmitten ihrer Zerrissenheit. Die Vertriebenen stehen in ihrer Verwundbarkeit nicht außerhalb des Bereichs des Heiligen - sie befinden sich in seinem Herzen.

Zweitens fordert die Inkarnation als Vertreibung die Kirche heraus, ihre Mission neu zu überdenken. Wenn die Kirche der Leib Christi ist, dann muss sie dieselbe Solidarität mit den Vertriebenen verkörpern, die Jesus gelebt hat. Das bedeutet, dass der Auftrag der Kirche nicht nur darin besteht, den Vertriebenen Nächstenliebe zu erweisen, sondern sich in ihre Erfahrungen hineinzuversetzen, ihr Leid zu teilen und ihnen bei ihrer Suche nach Gerechtigkeit und Zugehörigkeit beizustehen. Die Kirche ist berufen, ein Ort der Zuflucht zu sein, nicht nur im physischen, sondern auch im spirituellen und gemeinschaftlichen Sinne, an dem die Vertriebenen nicht nur Sicherheit, sondern auch Würde und Akzeptanz finden können.

Die Pilgerreise der Menschlichkeit: Vertreibung als eine Reise zu Gott

Schließlich lädt uns das Konzept der Vertreibung in der Menschwerdung auch dazu ein, die menschliche Reise als eine Pilgerreise zu Gott zu betrachten. So wie das Leben Jesu von Bewegung und dem Fehlen einer festen Heimat geprägt war, so ist auch das Leben eines jeden Gläubigen eine Reise zu einer göttlichen Heimat. Vertreibung ist in diesem Sinne nicht nur eine physische, sondern auch eine geistliche Realität - eine Erinnerung daran, dass wir alle Pilger sind, Fremde in einem fremden Land, die ihre wahre Heimat in Gott suchen.

Durch dieses Verständnis wird die Erfahrung der Vertreibung von einer Erfahrung des Verlusts und der Entfremdung zu einer Erfahrung der Hoffnung und des Ziels umgestaltet. Die Inkarnation versichert uns, dass Gott mit uns auf unserer Reise ist, dass die Erfahrung der Entwurzelung nicht das Ende der Geschichte ist, sondern ein Teil der Reise zu etwas Größerem. In Jesus finden die Vertriebenen nicht nur einen Leidensgenossen, sondern einen Führer und Gefährten, der sie zu der Verheißung einer neuen und ewigen Heimat führt.

Schlussfolgerung: Der menschgewordene Gott inmitten der Vertreibung

Zusammenfassend lässt sich sagen, dass die Inkarnation, wenn sie durch die Brille der Vertreibung betrachtet wird, einen Gott offenbart, der zutiefst solidarisch mit denjenigen ist, die an den Rand gedrängt und verletzlich sind. Diese Solidarität ist kein fernes oder abstraktes Konzept, sondern eine gelebte Realität, die mit dem Flüchtlingsstatus Jesu selbst beginnt. Die Inkarnation verwandelt die Erfahrung der Vertreibung in einen Raum der göttlichen Begegnung, in dem Gott ganz gegenwärtig ist.

Für die Kirche erfordert dieses Verständnis der Inkarnation ein erneuertes Engagement für die Vertriebenen, nicht als Objekte der Nächstenliebe, sondern als Träger des göttlichen Bildes, in denen die Gegenwart Christi am lebendigsten erfahrbar wird. Sie fordert uns heraus, Vertreibung nicht als eine zu vermeidende Tragödie zu betrachten, sondern als einen Teil der menschlichen Existenz, in die Gott einzutreten und sie zu erlösen beschlossen hat. Im fleischgewordenen Wort finden wir einen Gott, der uns auf jedem Schritt unseres Weges begleitet, besonders in den Momenten der größten Verwundbarkeit und Vertreibung, und der uns zur endgültigen Vollendung unserer Pilgerschaft in der Gegenwart Gottes führt.

3. Der Flüchtlingsstatus als theologische Realität: Jesus als Archetyp

Das Verständnis von Jesus als Proto-Flüchtling führt den Flüchtlingsstatus als entscheidende Kategorie für die theologische Reflexion ein. Traditionell hat sich die theologische Anthropologie auf die imago Dei - das Bild Gottes im Menschen - konzentriert. Indem wir den Flüchtlingsstatus mit einbeziehen, bekräftigen wir jedoch, dass Menschsein bedeutet, sowohl geistig als auch physisch auf der Durchreise zu sein.

Jesus, der Archetyp des Flüchtlings, veranschaulicht diesen Zustand des Transits nicht nur als physische Reise, sondern als spirituelle Pilgerreise zur göttlichen Vollendung. Der Flüchtlingsstatus geht daher über seine sozialen und politischen Konnotationen hinaus und wird zu einer theologischen Realität, die die Pilgernatur der gesamten Menschheit widerspiegelt. In Jesus wird die Flüchtlingssituation geheiligt, indem er offenbart, dass die Vertriebenen nicht im Stich gelassen werden, sondern Teil von Gottes Erlösungsplan sind.

Bei der Erforschung von Jesus Christus als Proto-Flüchtling geht der Begriff des Flüchtlingsstatus über seine soziopolitischen Konnotationen hinaus und wird zu einer tiefgreifenden theologischen Realität. Diese Perspektive lädt zu einer Neugestaltung der traditionellen theologischen Anthropologie ein, in der die Erfahrung des Flüchtlings zu einer zentralen Linse wird, durch die wir die menschliche Verfassung, das Wesen Gottes und den Weg des Glaubens verstehen. Jesus als Archetyp des Flüchtlings bietet den Rahmen für diese theologische Neuausrichtung und offenbart tiefe Einsichten in das Wesen der göttlich-menschlichen Interaktion, die Dynamik der Erlösung und die Rolle der Kirche in einer von Vertreibung geprägten Welt.

Der Zustand des Menschen als Vertreibung: Eine theologische Anthropologie

Um die theologische Bedeutung des Flüchtlingsstatus zu erfassen, müssen wir zunächst erkennen, dass Vertreibung nicht nur ein physischer Zustand ist, sondern ein grundlegender Aspekt des menschlichen Daseins. Aus biblischer Sicht hat sich die Menschheit immer in einem Zustand des Exils und der Pilgerschaft befunden. Die Erzählung von der Vertreibung Adams und Evas aus dem Garten Eden ist ein Sinnbild für diesen Zustand, denn sie steht für den Verlust der ursprünglichen Heimat und für den Beginn einer Reise zur Erlösung und Versöhnung mit Gott.

In diesem Sinne befindet sich die gesamte Menschheit in einem fortwährenden Zustand des geistigen Exils und sehnt sich nach einer Rückkehr in die göttliche Gegenwart - ein Zuhause, das letztlich nur in Gott zu finden ist. In diesem Verständnis ist der Flüchtlingsstatus keine Anomalie, sondern ein Spiegelbild der tieferen Realität der menschlichen Existenz. Wir alle sind in einem spirituellen Sinn Flüchtlinge - von unserer wahren Heimat entfernt und auf dem Weg zu einem Ort, an dem wir letztlich zu Hause sind.

Jesus verkörpert in seinem Leben und Wirken diese Realität. Seine Geburt als Flüchtling, sein wandernder Dienst ohne ständige Heimat und schließlich seine Kreuzigung außerhalb der Stadtmauern unterstreichen die Vergänglichkeit und Marginalität seiner irdischen Existenz. Das Leben Jesu spiegelt die universelle menschliche Erfahrung der Vertreibung wider und macht ihn zum Archetyp des Flüchtlings. In ihm sehen wir den vollsten Ausdruck dessen, was es bedeutet, Mensch zu sein - in einem Zustand des Exils zu leben und doch auf die Erfüllung von Gottes Erlösungsplan zuzugehen.

Der Flüchtlingsstatus als theologischer Blickwinkel

Indem wir Jesus als das Urbild des Flüchtlings identifizieren, wird der Flüchtlingsstatus zu einem wichtigen theologischen Blickwinkel, durch den wir wichtige Aspekte des christlichen Glaubens verstehen können. Dieses Objektiv ermöglicht es uns, die Erfahrung des Flüchtlings als mehr als nur ein soziales oder politisches Problem zu sehen - es wird zu einem Symbol für die breitere menschliche Erfahrung und zu einem Brennpunkt für theologische Reflexion.

Erstens unterstreicht diese Sichtweise den Begriff der Verwundbarkeit als ein wesentliches Merkmal der Beziehung zwischen Mensch und Gott. Flüchtlinge sind per definitionem verletzlich - sie sind auf die Barmherzigkeit anderer angewiesen, um ihr Überleben, ihre Sicherheit und ihre Würde zu sichern. In Jesus, der sich freiwillig auf diese Verletzlichkeit einlässt, sehen wir einen tiefen Ausdruck göttlicher Demut und Solidarität. Der Gott, der zum Flüchtling wird, ist ein Gott, der die menschliche Zerbrechlichkeit annimmt und zeigt, dass die wahre Stärke nicht in der Macht, sondern in der gemeinsamen Schwäche und Abhängigkeit liegt. Dies stellt das herkömmliche Verständnis von Göttlichkeit als Allmacht in Frage und offenbart stattdessen einen Gott, der in den Räumen menschlicher Verwundbarkeit am präsentesten ist.

Zweitens wird die Erfahrung der Flüchtlinge durch diese theologische Brille betrachtet zu einem Paradigma für das Verständnis von Erlösung. Das Heil wird in der christlichen Theologie oft als eine Reise von der Sünde zur Erlösung, von der Entfremdung zur Versöhnung, vom Tod zum Leben beschrieben. Diese Reise ist in vielerlei Hinsicht eine spirituelle Parallele zur Reise des Flüchtlings von der Gefahr zur Sicherheit, von der Vertreibung zur Heimkehr. In Jesus, dem archetypischen Flüchtling, sehen wir diese Reise in ihrem vollsten Sinn gelebt - sein Leben, sein Tod und seine Auferstehung verkörpern die Bewegung vom Exil zur endgültigen Wiederherstellung aller Dinge in Gottes Reich.

Jesus als Archetyp: Neudefinition des Flüchtlingsstatus

Jesus als Archetyp des Flüchtlings definiert neu, was es bedeutet, ein Flüchtling zu sein, sowohl in theologischer als auch in existenzieller Hinsicht. Traditionell wird der Flüchtlingsstatus mit Verlust, Entmachtung und Marginalisierung assoziiert. In Jesus jedoch wird der Flüchtlingsstatus als ein Ort der göttlichen Begegnung und der transformativen Kraft neu definiert.

JESUS-CHRISTUS, DER FLÜCHTLING!

Der Flüchtlingsstatus Jesu ist kein Zeichen von Schwäche oder Versagen, sondern eine tiefgreifende theologische Aussage über Gottes Gegenwart in der Welt. Er macht deutlich, dass Gott sich nicht von den Ausgegrenzten entfernt, sondern eng in ihr Leben eingreift. Angesichts der Vertreibung erträgt Jesus die Erfahrung der Flüchtlinge nicht nur, er heiligt sie und macht sie zu einem Raum, in dem Gottes erlösendes Wirken am stärksten zur Geltung kommt.

Diese Neudefinition fordert uns heraus, Flüchtlinge nicht als bloße Opfer zu sehen, sondern als Träger einer einzigartigen theologischen Realität. In ihrer Vertreibung nehmen sie an der gleichen Reise teil, die Jesus selbst unternommen hat. Ihr Leben, das von Leid und Verlust geprägt ist, wird zu einem Zeugnis für die Gegenwart Gottes an den unwahrscheinlichsten Orten. Auf diese Weise wird der Flüchtlingsstatus nicht zu einem Zeichen der Ausgrenzung, sondern zu einem Zeichen der bevorzugten Option Gottes für die Schwachen und Ausgestoßenen.

Die Rolle der Kirche: Solidarität mit dem archetypischen Flüchtling

Wenn Jesus das Urbild des Flüchtlings ist, dann ist die Kirche als Leib Christi aufgerufen, diese Realität in ihrer Mission und ihrem Dienst zu verkörpern. Die Identität der Kirche ist untrennbar mit ihrer Solidarität mit den Vertriebenen verbunden. So wie Jesus sich mit dem Flüchtling identifizierte, muss sich auch die Kirche als eine Gemeinschaft verstehen, die an der Seite der Vertriebenen steht und sich für sie einsetzt.

Diese Solidarität geht über Akte der Nächstenliebe oder der sozialen Gerechtigkeit hinaus. Sie ist ein grundlegender Aspekt der theologischen Identität der Kirche. Die Kirche ist dazu berufen, eine Zuflucht - sowohl geistig als auch physisch - für diejenigen zu sein, die sich am Rande der Gesellschaft befinden. Indem sie Zuflucht gewährt, für Gerechtigkeit eintritt und Gastfreundschaft bietet, dient die Kirche nicht nur dem Flüchtling, sondern begegnet auch Christus selbst.

Indem sie die Vertriebenen aufnimmt, nimmt die Kirche an der göttlichen Mission teil, Erlösung und Versöhnung in eine zerbrochene Welt zu bringen.

Darüber hinaus ist die Mission der Kirche in Solidarität mit den Flüchtlingen ein prophetisches Zeugnis für die Welt. Sie fordert die Mächte und Gewalten heraus, die Vertreibung und Ausgrenzung aufrechterhalten, und ruft zu einer Welt auf, in der jeder Mensch ein Zuhause finden und in Würde leben kann. In diesem Sinne ist das Eintreten der Kirche für Flüchtlinge nicht nur eine soziale oder politische Haltung - es ist ein theologisches Gebot, das im Wesen Gottes, wie es sich in Jesus Christus offenbart hat, verwurzelt ist.

Schlussfolgerung: Der Archetypus des Flüchtlings als Erfüllung der theologischen Wirklichkeit

Zusammenfassend lässt sich sagen, dass das Verständnis von Jesus als Archetyp des Flüchtlings dazu einlädt, den Flüchtlingsstatus als theologische Realität grundlegend zu überdenken. Es fordert uns heraus, Vertreibung nicht als einen marginalen oder unglücklichen Zustand zu sehen, sondern als einen zentralen Aspekt der menschlichen Erfahrung, den Gott gewählt hat, um in sie einzutreten und sie zu erlösen. Der Flüchtlingsstatus wird, wenn er durch die Linse des Lebens Jesu betrachtet wird, zu einem kraftvollen Symbol für die menschliche Reise zu Gott, die von Verletzlichkeit, Leid und schließlich Erlösung geprägt ist.

Für die Kirche erfordert dieses Verständnis eine radikale Verpflichtung zur Solidarität mit den Vertriebenen. Es ruft die Kirche dazu auf, ihren Auftrag so zu sehen, dass sie die Wirklichkeit des Flüchtlings-Christus verkörpert, Zuflucht bietet, für Gerechtigkeit eintritt und Zeugnis von der verwandelnden Kraft der Gegenwart Gottes unter den Ausgegrenzten ablegt. Indem sie dies tut, dient die Kirche nicht nur den Flüchtlingen, sondern erfüllt auch ihre Berufung, der Leib Christi in der Welt zu sein - indem sie denjenigen beisteht, die am verletzlichsten sind, so wie Christus uns auf unserem eigenen Weg des Exils und der Heimkehr beisteht.

4. Das Kreuz: Die ultimative Erfahrung mit Flüchtlingen

Die Kreuzigung Jesu ist der Höhepunkt seiner Flüchtlingsreise, ein Moment, der die ultimative Ausgrenzung und das Leiden verkörpert. Am Kreuz wird Jesus aller Sicherheit beraubt, von seinen Anhängern verlassen und von Gott aufgegeben - ein Zustand, der die Trostlosigkeit widerspiegelt, die Flüchtlinge oft erleben.

Doch in diesem Moment der tiefen Verlassenheit wird das Kreuz zum Ort der göttlichen Begegnung. Hier identifiziert sich Jesus, der Proto-Flüchtling, voll und ganz mit dem menschlichen Leiden und verwandelt die Erfahrung des Flüchtlings von einer Verzweiflung in eine Hoffnung und Erlösung. Die Auferstehung, die auf diese Kreuzigung folgt, ist nicht nur die Rechtfertigung Jesu, sondern auch die Verheißung eines neuen Lebens und der Wiederherstellung für alle Vertriebenen.

Die Kreuzigung Jesu Christi, die für die christliche Theologie von zentraler Bedeutung ist, stellt den Höhepunkt seiner irdischen Reise dar - eine Reise, die, wenn man sie durch die Brille der Flüchtlingstheologie betrachtet, als die ultimative Flüchtlingserfahrung verstanden werden kann. Das Kreuz, das oft als Symbol der Erlösung und des Heils gesehen wird, dient auch als tiefes Zeugnis für die Ausgrenzung, Verlassenheit und Vertreibung, die Jesus ertragen musste. Hier, am Schnittpunkt von Leiden und göttlicher Bestimmung, kommt Jesus als Proto-Flüchtling am deutlichsten zum Ausdruck und offenbart die tiefgreifenden theologischen Implikationen seiner Kreuzigung.

Das Kreuz als Kulminationspunkt der Vertreibung

Um das Kreuz als die ultimative Flüchtlingserfahrung zu begreifen, müssen wir zunächst den Lebensweg Jesu betrachten. Von seiner Geburt in einer Krippe bis zur Flucht seiner Familie nach Ägypten war das Leben Jesu von einem ständigen Zustand der Vertreibung geprägt.

Er war in jeder Hinsicht ein Gast - ein Mann ohne festen Wohnsitz, der ständig von Ort zu Ort zog, oft unwillkommen und unverstanden. Dieses Muster der Verdrängung erreicht seinen Höhepunkt bei der Kreuzigung, wo Jesus, von allem entblößt, dem ultimativen Akt der Ausgrenzung und Ablehnung ausgesetzt ist.

Die Kreuzigung selbst ist ein Ereignis, das von der Sprache des Exils und der Verlassenheit durchdrungen ist. Jesus wird außerhalb der Stadtmauern von Jerusalem gekreuzigt, einem Ort der Ausgrenzung und Schande. Der Ort der Kreuzigung, Golgatha, ist nicht nur ein geografisches Detail, sondern ein theologisch aufgeladenes Symbol für die Ausgestoßenheit - entfernt von der Gemeinschaft, von den Zentren der Macht und scheinbar sogar von der Gegenwart Gottes. Damit wird das Kreuz zur letzten Etappe der Flüchtlingsreise Jesu, wo er die tiefste Form der Vertreibung erfährt: die Trennung von seinem Vater.

Der Schrei der Verwahrlosung: Das Klagelied des Flüchtlings

Einer der ergreifendsten Momente am Kreuz ist Jesu Schrei der Verlassenheit: „Mein Gott, mein Gott, warum hast du mich verlassen?" (Matthäus 27,46). Dieser Schrei ist nicht nur Ausdruck körperlicher Qualen, sondern die Klage einer Seele, die eine tiefe Verlassenheit erlebt. In diesem Moment bringt Jesus die Quintessenz der Flüchtlingserfahrung zum Ausdruck - das Gefühl, völlig verlassen zu sein, nicht nur von den Menschen, sondern auch, so scheint es, von Gott selbst.

Dieser Schrei spiegelt die Klage zahlloser Flüchtlinge im Laufe der Geschichte wider, die sich in ihrem Leid verlassen und in einer feindlichen Welt allein gelassen fühlten. Indem Jesus diesen Schrei ausstößt, identifiziert er sich voll und ganz mit der Verzweiflung und Trostlosigkeit, die oft mit der Erfahrung von Flüchtlingen einhergeht. Doch dieser Moment der tiefen Verlassenheit ist nicht das Ende der Geschichte. Durch diesen Schrei, diesen Ausdruck tiefer Solidarität mit dem menschlichen Leiden, offenbart Jesus die Tiefe der Identifikation Gottes mit den Vertriebenen. Der Schrei der

JESUS-CHRISTUS, DER FLÜCHTLING!

Verlassenheit wird zu einem Punkt der göttlich-menschlichen Begegnung, an dem die Tiefen der menschlichen Verzweiflung auf die grenzenlose Liebe und Gegenwart Gottes treffen.

Das Kreuz als Kreuz des Flüchtlings

Das Kreuz kann auch als das Kreuz des Flüchtlings verstanden werden - als Symbol für den ultimativen Preis von Vertreibung und Ausgrenzung. Die Kreuzigung Jesu war nicht nur eine legale Hinrichtung, sondern ein öffentliches Spektakel, das der Schande und Entmenschlichung diente. Die Kreuzigung war eine Strafe, die den Niedrigsten der Niedrigen vorbehalten war - Sklaven, Rebellen und jenen, die als außerhalb der Grenzen der zivilisierten Gesellschaft stehend betrachtet wurden. Indem Jesus diese Form der Hinrichtung über sich ergehen ließ, nahm er nicht nur die Sünden der Welt auf sich, sondern auch die ganze Last der menschlichen Schande, Entehrung und Ablehnung.

Für Flüchtlinge symbolisiert das Kreuz den Höhepunkt ihres Leidens - den Punkt, an dem sie aller irdischen Sicherheiten und Würden beraubt werden. Im Tod Jesu sehen wir den ultimativen Akt der Solidarität mit denjenigen, die entmenschlicht und ausgestoßen sind. Das Kreuz ist also nicht nur ein Symbol für die individuelle Erlösung, sondern eine tiefgreifende Aussage über Gottes Gegenwart bei denen, die unter den extremsten Formen von Vertreibung und Ausgrenzung leiden.

Erlösung durch Verdrängung: Die transformative Kraft des Kreuzes

Doch die Geschichte des Kreuzes endet nicht mit dem Tod. Auf die Kreuzigung folgt die Auferstehung, die das Kreuz von einem Symbol der Niederlage in ein Zeichen des Sieges verwandelt. Diese Verwandlung ist der Schlüssel zum Verständnis des Kreuzes als der ultimativen Flüchtlingserfahrung. Die Auferstehung löscht die Realität des Leidens nicht aus, sondern erlöst sie und bietet den Vertriebenen Hoffnung und neues Leben.

In diesem Sinne wird das Kreuz zu einem Ort der Erlösungsmöglichkeit. Für Flüchtlinge, die oft im Schatten von Leid und Verlust leben, ist die Auferstehung das Versprechen, dass Vertreibung und Tod nicht das letzte Wort haben. Die Auferstehung Jesu ist die Rechtfertigung seiner Flüchtlingserfahrung und bestätigt, dass Gott bei denen ist, die verstoßen sind, und dass ihr Leiden nicht vergeblich ist. Durch die Auferstehung wird das Kreuz zu einem Leuchtfeuer der Hoffnung für alle Vertriebenen, das die Gewissheit einer neuen Heimat, einer neuen Gemeinschaft und eines neuen Lebens in der Gegenwart Gottes bietet.

Die theologischen Implikationen: Vertreibung als Weg zur Erlösung

Betrachtet man das Kreuz als die ultimative Flüchtlingserfahrung, lädt es dazu ein, das Wesen des Heils grundlegend zu überdenken. In diesem Licht ist das Heil nicht nur ein Entkommen von der Sünde oder ein Eintritt in den Himmel; es ist die Erlösung der gesamten menschlichen Existenz, einschließlich der Erfahrung der Vertreibung. Das Kreuz zeigt uns, dass Gottes Erlösungswerk an den Orten des größten Leids und der größten Ausgrenzung am stärksten präsent ist.

Dieses Verständnis hat erhebliche Auswirkungen darauf, wie wir die Mission der Kirche in der Welt sehen. Wenn das Kreuz das Kreuz des Flüchtlings ist, dann ist die Kirche aufgerufen, sich mit den Vertriebenen zu solidarisieren, ihr Leid zu teilen und sich für ihre Erlösung einzusetzen. Die Kirche ist nicht nur ein Ort des Gottesdienstes, sondern auch ein Ort der Zuflucht - eine Gemeinschaft, die die verwandelnde Kraft des Kreuzes verkörpert, indem sie den Ausgestoßenen Hoffnung, Heilung und neues Leben bietet.

Der Ruf der Kirche: Das Kreuz der Vertriebenen umarmen

Im Lichte des Kreuzes besteht der Auftrag der Kirche darin, das Kreuz der Vertriebenen anzunehmen. Das bedeutet, dass die Erfahrung von Flüchtlingen für den christlichen Glauben nicht nebensächlich, sondern von zentraler Bedeutung ist. Die Kirche ist aufgerufen, den gekreuzigten Christus in den Gesichtern der Vertriebenen zu sehen, seinen Schrei der Verzweiflung in ihren Stimmen zu hören und mit derselben Liebe und demselben Mitgefühl zu antworten, das Jesus ans Kreuz geführt hat.

Dieser Aufruf zur Solidarität ist nicht nur eine Frage der sozialen Gerechtigkeit, sondern auch ein theologischer Imperativ. Die Kirche als Leib Christi ist aufgerufen, sich am Erlösungswerk des Kreuzes zu beteiligen, indem sie sich an die Seite der Vertriebenen stellt, für ihre Rechte eintritt und sich für die Schaffung einer Welt einsetzt, in der alle Menschen ein Zuhause finden. Indem sie dies tut, legt die Kirche Zeugnis ab von der Macht des Kreuzes, das Leiden in Hoffnung, Tod in Leben und Vertreibung in Heimkehr verwandelt.

Schlussfolgerung: Das Kreuz als Vollendung der Flüchtlingstheologie

Zusammenfassend lässt sich sagen, dass das Kreuz der ultimative Ausdruck der Identität Jesu als Proto-Flüchtling ist. Es ist der Höhepunkt seiner Reise durch die Vertreibung, der Punkt, an dem seine Solidarität mit den Ausgegrenzten ihren vollsten Ausdruck findet. Es ist aber auch der Ort, an dem sich das Leiden in Erlösung verwandelt und allen Vertriebenen Hoffnung und neues Leben schenkt.

Für die Kirche ist das Kreuz sowohl ein Symbol der Erlösung als auch ein Aufruf zum Handeln. Es fordert uns auf, die Erfahrung der Flüchtlinge als ein zentrales Element des christlichen Glaubens zu betrachten und mit Mitgefühl, Gerechtigkeit und Solidarität zu reagieren. Indem die Kirche das Kreuz der Vertriebenen annimmt, erfüllt sie ihre Berufung, der Leib Christi in der Welt zu sein - eine Gemeinschaft, die die Hoffnung und Heilung der Auferstehung inmitten einer zerbrochenen und vertriebenen Welt verkörpert.

5. Die Mission der Kirche: Ein Aufruf zur Solidarität

Ein innovativer theologischer Ansatz zu Jesus als dem Proto-Flüchtling definiert die Mission der Kirche neu. Wenn Christus, das Haupt der Kirche, ein Flüchtling war, dann muss die Kirche die Solidarität mit den Vertriebenen verkörpern. Diese Mission geht über bloße Nächstenliebe hinaus; sie erfordert eine tiefe Identifikation mit der Erfahrung der Flüchtlinge.

Die Kirche ist aufgerufen, ein Heiligtum zu sein - ein Ort, an dem Flüchtlinge nicht nur physische Sicherheit, sondern auch geistige und gemeinschaftliche Zugehörigkeit finden. Durch ihre Liturgie erinnert sich die Kirche an das Exil Christi, und durch die Eucharistie nimmt sie an der fortlaufenden Reise zur eschatologischen Heimat teil, die Gott verspricht. Indem sie den Flüchtlings-Christus umarmt, wird die Kirche zu einem lebendigen Zeugnis für Gottes Engagement für Gerechtigkeit, Frieden und die Würde jedes Menschen.

Das Verständnis von Jesus Christus als dem Proto-Flüchtling verändert nicht nur unsere theologischen Perspektiven auf Vertreibung und Leid, sondern definiert auch die Mission der Kirche auf tiefgreifende Weise neu. Die Kirche als Leib Christi ist dazu berufen, das Leben und den Dienst Jesu zu verkörpern, was seine Identifikation mit den Vertriebenen, den Ausgegrenzten und den Unterdrückten einschließt. Diese Mission ist kein optionaler Aspekt der kirchlichen Identität; sie ist zentral für das, was es bedeutet, Kirche in der Welt zu sein. Der Aufruf zur Solidarität mit Flüchtlingen und Vertriebenen ist ein theologisches Gebot, das tief im Wesen der Kirche als Abbild des menschgewordenen und gekreuzigten Christus verwurzelt ist.

Die Kirche als Zufluchtsort: Ein Ort der Sicherheit und Zugehörigkeit

Im Zentrum des Auftrags der Kirche steht der Ruf, ein Zufluchtsort zu sein - ein Zufluchtsort, an dem Menschen, die vertrieben, ausgegrenzt oder verfolgt werden, Sicherheit, Würde und Zugehörigkeit finden können. Diese Rolle der Kirche als Zufluchtsort ist nicht nur eine soziale oder humanitäre Aufgabe, sondern auch ein theologischer Auftrag. Die Identität der Kirche als Leib Christi bedeutet, dass sie den Charakter Christi widerspiegeln muss, der selbst ein Flüchtling, ein Fremder und ein Ausgestoßener war.

Der Auftrag der Kirche, Zuflucht zu gewähren, ist tief in der biblischen Tradition verwurzelt. Das Alte Testament gebietet dem Volk Israel häufig, sich um den Fremden, den Gast und den Flüchtling zu kümmern, und erinnert es an seine eigene Geschichte der Vertreibung und des Exils (Levitikus 19,34, Deuteronomium 10,19). Dieser Aufruf zur Gastfreundschaft und zur Fürsorge für die Vertriebenen wird im Neuen Testament wiederholt, wo Jesus sich mit dem Fremden und dem Ausgestoßenen identifiziert und sagt: „Ich war fremd, und ihr habt mich aufgenommen" (Matthäus 25,35). Die Kirche ist daher berufen, eine Gemeinschaft zu sein, die den Fremden aufnimmt und denen, die keine Heimat haben, ein Zuhause bietet.

Bei dieser Aufgabe der Zuflucht geht es nicht nur darum, physische Sicherheit zu bieten, sondern auch darum, einen Raum zu schaffen, in dem Menschen die Liebe, die Annahme und die Zugehörigkeit erfahren können, die im Mittelpunkt des Evangeliums stehen. In einer Welt, in der Flüchtlinge und Vertriebene oft auf Ablehnung, Feindseligkeit und Entmenschlichung stoßen, ist die Kirche aufgerufen, eine gegenkulturelle Gemeinschaft zu sein, die die radikale Gastfreundschaft Christi verkörpert. Bei dieser Gastfreundschaft geht es nicht nur darum, unmittelbare Bedürfnisse zu befriedigen, sondern auch darum, die Würde und den Wert eines jeden Menschen zu bekräftigen und ihn als Träger des göttlichen Bildes anzuerkennen.

Die prophetische Stimme der Kirche: Advocacy und Gerechtigkeit

Neben der Bereitstellung von Zuflucht ist die Kirche auch dazu berufen, eine prophetische Stimme in der Welt zu sein und für Gerechtigkeit und die Rechte der Vertriebenen einzutreten. In der prophetischen Tradition der Heiligen Schrift geht es darum, der Macht die Wahrheit zu sagen, Systeme der Unterdrückung in Frage zu stellen und sich an die Seite der Ausgegrenzten zu stellen. Als Fortsetzung dieser prophetischen Tradition ist die Kirche aufgerufen, sich den sozialen, politischen und wirtschaftlichen Strukturen entgegenzustellen, die Vertreibung, Ungleichheit und Ungerechtigkeit aufrechterhalten.

Dieser prophetische Auftrag gründet sich auf das Verständnis der Kirche vom Reich Gottes - einem Reich, in dem Gerechtigkeit, Frieden und Rechtschaffenheit herrschen. Das Eintreten der Kirche für Flüchtlinge und Vertriebene ist nicht nur eine politische Aktivität; es ist ein theologisches Zeugnis für das kommende Reich Gottes. Indem sie für die Rechte und die Würde von Flüchtlingen eintritt, legt die Kirche Zeugnis von den Werten des Reiches Gottes ab und fordert die Welt auf, sich an Gottes Vision für die Menschheit auszurichten.

Die prophetische Stimme der Kirche muss auch eine Stimme der Solidarität sein. Das bedeutet nicht nur, dass sie sich für die Flüchtlinge einsetzt, sondern dass sie ihnen in ihrem Kampf zur Seite steht. Solidarität bedeutet mehr als nur Mitleid oder Unterstützung; es geht darum, das Leiden und die Herausforderungen der Vertriebenen zu teilen und zu erkennen, dass ihre Kämpfe auch unsere Kämpfe sind. Diese Solidarität ist in der Menschwerdung verwurzelt, in der Gott in Christus in die menschliche Existenz eingetreten ist, unser Leid geteilt und unsere Lasten auf sich genommen hat. Die Kirche als Leib Christi ist aufgerufen, das Gleiche zu tun.

Das sakramentale Leben der Kirche: Gemeinschaft mit den Vertriebenen

Der Auftrag der Kirche zur Solidarität mit den Vertriebenen spiegelt sich auch in ihrem sakramentalen Leben wider, insbesondere in der Eucharistie. Die Eucharistie als Sakrament der Gemeinschaft ist ein tiefgreifender Ausdruck der Einheit der Kirche mit Christus und untereinander. In der Eucharistie feiert die Kirche den gebrochenen Leib Christi, der außerhalb der Stadtmauern gekreuzigt wurde - ein Ort der Ausgrenzung und Vertreibung. Dieser Akt des Gedenkens erinnert die Kirche eindringlich an ihren Aufruf zur Solidarität mit allen, die ausgegrenzt und verstoßen sind.

Die Eucharistie verweist auch auf die eschatologische Hoffnung auf das Reich Gottes, in dem alle Spaltungen und Ausgrenzungen überwunden und alle Menschen in der einen Familie Gottes versammelt sein werden. Indem die Kirche die Eucharistie feiert, nimmt sie diese zukünftige Realität vorweg, in der es keine Flüchtlinge oder Vertriebenen mehr geben wird, sondern alle in Gott ihre Heimat finden werden. Diese eschatologische Vision ruft die Kirche dazu auf, sich für die Aufnahme und Integration von Flüchtlingen und Vertriebenen in die Gemeinschaft einzusetzen und so die Einheit und Gastfreundschaft des Reiches Gottes hier und jetzt widerzuspiegeln.

Darüber hinaus fordert das sakramentale Leben der Kirche die Gemeinschaft heraus, Christus in den Vertriebenen zu sehen. Wenn die Kirche am Leib und Blut Christi teilhat, wird sie daran erinnert, dass Jesus sich mit den Geringsten unter ihnen identifiziert hat. Die Kirche ist aufgerufen zu erkennen, dass sie, wenn sie dem Flüchtling dient und ihn aufnimmt, Christus selbst dient und ihn aufnimmt. Diese sakramentale Vision verwandelt die Mission der Kirche und macht die Solidarität mit den Vertriebenen nicht nur zu einer ethischen Pflicht, sondern zu einem geistlichen Akt der Gemeinschaft mit Christus.

Die eschatologische Mission der Kirche: Ein Vorgeschmack auf das Reich Gottes

Der Auftrag der Kirche zur Solidarität mit den Vertriebenen ist letztlich eschatologisch. Sie verweist auf die künftige Hoffnung auf das Reich Gottes, in dem alles Unrecht wiedergutgemacht wird und alle Vertriebenen ihre wahre Heimat finden werden. Die Kirche ist berufen, ein Vorgeschmack auf dieses Reich zu sein, eine Gemeinschaft, die die Werte der Gerechtigkeit, des Friedens und der Versöhnung verkörpert, die das Reich Gottes kennzeichnen.

Diese eschatologische Mission verleiht der Kirche eine einzigartige Rolle in der Welt. Die Kirche ist nicht nur eine weitere humanitäre

Organisation, sondern ein Zeichen und Werkzeug des Reiches Gottes. In ihrer Solidarität mit Flüchtlingen und Vertriebenen legt die Kirche Zeugnis von der Hoffnung ab, die die gegenwärtigen Realitäten von Leid und Vertreibung übersteigt. Diese Hoffnung ist kein naiver Optimismus, sondern ein zuversichtliches Vertrauen auf den Gott, der durch die Auferstehung Christi das Werk der neuen Schöpfung bereits begonnen hat.

Die Aufgabe der Kirche besteht daher darin, diese Hoffnung in konkreter Weise zu leben. Das bedeutet, dass sie nicht nur unmittelbare Unterstützung und Fürsprache für Flüchtlinge leistet, sondern sich auch für langfristige Lösungen einsetzt, die die eigentlichen Ursachen der Vertreibung angehen. Es bedeutet, Gemeinschaften zu schaffen, in denen man willkommen ist und zu denen man gehört und die die Inklusivität und Gastfreundschaft des Reiches Gottes widerspiegeln. Und es bedeutet, Zeugnis von der Kraft des Evangeliums abzulegen, das Leben zu verändern und einer zerbrochenen Welt Heilung zu bringen.

Schlussfolgerung: Die Kirche als Leib des flüchtenden Christus

Zusammenfassend lässt sich sagen, dass die Mission der Kirche in der Welt, die durch das Verständnis von Jesus als dem Proto-Flüchtling geprägt ist, im Grunde ein Aufruf zur Solidarität mit den Vertriebenen ist. Diese Mission ist in der Identität der Kirche als Leib Christi verwurzelt, der berufen ist, sein Leben und seinen Dienst in der Welt widerzuspiegeln. Die Kirche ist dazu berufen, eine Zuflucht, eine prophetische Stimme, eine sakramentale Gemeinschaft und ein Zeichen des Reiches Gottes zu sein - alles in Solidarität mit denjenigen, die an den Rand gedrängt und vertrieben sind.

Dieser Auftrag fordert die Kirche heraus, über eine Haltung der Nächstenliebe oder des sozialen Dienstes hinauszugehen und sich tief mit dem Leiden und den Kämpfen der Flüchtlinge zu identifizieren. Sie ruft die Kirche dazu auf, den Flüchtling nicht als den „Anderen" zu sehen, sondern als einen Bruder oder eine Schwester in Christus, in dem oder der sich das Antlitz Jesu offenbart. Indem sie diesen Auftrag annimmt, erfüllt die Kirche nicht nur ihre Berufung, der Leib Christi zu sein, sondern legt auch Zeugnis ab von der verwandelnden Kraft des Evangeliums in einer Welt, die von Vertreibung und Ausgrenzung geprägt ist.

Als Verkörperung des flüchtenden Christus ist die Kirche dazu berufen, ein lebendiges Zeugnis für die Hoffnung auf die Auferstehung abzulegen - die Verheißung, dass in Christus alle Vertriebenen ihre wahre Heimat in Gott finden werden. Das ist der Auftrag der Kirche: eine Gemeinschaft radikaler Gastfreundschaft, prophetischer Gerechtigkeit und eschatologischer Hoffnung zu sein, die sich mit den Vertriebenen solidarisiert und Zeugnis ablegt von dem Gott, der in Christus ihr Leid zu seinem eigenen gemacht hat.

Schlussfolgerung

Jesus Christus, der Flüchtling und Erlöser

In diesem umfassenden theologischen Rahmen ist Jesus Christus nicht nur der Erlöser, sondern der Erlöser der Flüchtlinge. Sein Leben, von der Flucht nach Ägypten bis zum Kreuz, definiert den Flüchtlingsstatus als kritisches theologisches Konzept neu. Als Proto-Flüchtling offenbart Jesus, dass Gott dort am gegenwärtigsten ist, wo er am meisten gefährdet und ausgegrenzt ist. Diese Perspektive fordert Christen heraus, ihr Verständnis von Flüchtlingen neu zu überdenken - nicht als Objekte des Mitleids, sondern als Träger des göttlichen Bildes.

Wenn wir uns auf diesen Ansatz einlassen, werden wir zu einer tieferen Solidarität mit den Vertriebenen eingeladen, da wir erkennen, dass wir in ihrem Kampf dem leidenden und erlösenden Christus begegnen. Dieser Ansatz ruft die Kirche zu einem erneuerten Engagement für Gerechtigkeit und Gastfreundschaft auf und stellt sicher, dass wir in jedem Akt der Aufnahme Christus, den Proto-Flüchtling, in unserer Mitte willkommen heißen.

In der großen Erzählung der christlichen Theologie wird Jesus Christus als der Erlöser anerkannt, als derjenige, der das Heil und die Versöhnung zwischen Gott und der Menschheit bringt. Wenn wir Jesus jedoch durch die Brille der Flüchtlingstheologie betrachten, ergibt sich ein tieferes und differenzierteres Verständnis seines Erlösungswerks. Jesus Christus, der Erlöser der Flüchtlinge, ist nicht nur der Retter der Seelen, sondern derjenige, der in die am meisten ausgegrenzten und verletzlichen menschlichen Erfahrungen eindringt und sie von innen heraus verwandelt. Diese Schlussfolgerung führt die verschiedenen Stränge der Flüchtlingstheologie zusammen und zeigt, wie die Identität Jesu als Protoflüchtling das Wesen der Erlösung neu definiert und die Kirche herausfordert, ihre Mission auf neue und transformative Weise zu leben.

Christus, der Flüchtling: Die Erlösung der Ausgegrenzten

Das Konzept von Jesus als dem Erlöser der Flüchtlinge unterstreicht die tiefe Wahrheit, dass Erlösung kein abstraktes oder rein spirituelles Ereignis ist, sondern eine konkrete und gelebte Realität, die die gesamte menschliche Erfahrung umfasst, einschließlich der Erfahrung von Vertreibung. Von seiner Geburt in einer Krippe bis zu seiner Flucht nach Ägypten, seinem Wanderdienst und schließlich seiner Kreuzigung außerhalb der Stadtmauern war das Leben Jesu durch einen ständigen Zustand der Marginalisierung und Ausgrenzung gekennzeichnet. In jeder Phase seines Lebens trat Jesus in die Lebenswirklichkeit derjenigen ein, die an den Rand gedrängt wurden - Flüchtlinge, Ausgestoßene und Arme.

Dabei identifizierte sich Jesus nicht nur mit den Ausgegrenzten, sondern erlöste ihre Erfahrungen. Indem er den Status eines Flüchtlings annahm, heiligte Jesus die Erfahrung der Vertreibung und verwandelte sie von einem Zustand der Hoffnungslosigkeit und Verzweiflung in einen Ort, an dem Gottes Gegenwart am tiefsten spürbar ist. Der Erlöser der Flüchtlinge ist derjenige, der nicht nur mit den Vertriebenen leidet, sondern ihr Leiden in einen Ort der göttlichen Begegnung und der Erlösungsmöglichkeit verwandelt.

Diese Erlösung ist ganzheitlich - sie berührt jeden Aspekt der Erfahrung des Flüchtlings, vom physischen Bedürfnis nach Sicherheit und Geborgenheit bis hin zur geistlichen Sehnsucht nach Würde und Zugehörigkeit. Jesus Christus, der Erlöser der Flüchtlinge, bietet eine Erlösung an, bei der es ebenso um die Wiederherstellung zerbrochener Beziehungen und die Heilung verletzter Identitäten geht wie um die Befreiung von Sünde. In Christus finden die Flüchtlinge nicht nur einen Erlöser, der ihre Notlage versteht, sondern auch einen, der den Weg der Vertreibung gegangen ist und die Hoffnung auf einen Neuanfang bietet.

Erlösung als Versöhnung und Wiederherstellung

Betrachtet man das Erlösungswerk Jesu durch die Brille seiner Flüchtlingsidentität, so liegt der Schwerpunkt auf Versöhnung und Wiederherstellung. Jesus ist nicht nur gekommen, um die Menschheit vor der Sünde zu retten, sondern um die gesamte Schöpfung mit Gott zu versöhnen und das wiederherzustellen, was durch Sünde, Ungerechtigkeit und Gewalt zerbrochen ist. Diese Versöhnung ist zutiefst beziehungsorientiert - sie beinhaltet die Heilung der Beziehungen zwischen Gott und den Menschen, zwischen den Einzelnen und innerhalb der Gemeinschaften.

Für Flüchtlinge bedeutet dies, dass es bei der Erlösung nicht nur darum geht, eine neue Heimat oder einen sicheren Ort zu finden. Es geht um die Wiederherstellung ihrer Würde, die Heilung ihres Traumas und die Erneuerung ihres Identitätsgefühls und ihrer Bestimmung. Der Erlöser der Flüchtlinge bietet keine oberflächliche Lösung für das Problem der Vertreibung, sondern eine tiefe und dauerhafte Versöhnung, die die Ursachen von Exil und Entfremdung angeht. Durch sein Leben, seinen Tod und seine Auferstehung ermöglicht Jesus die Wiederherstellung von allem, was verloren gegangen ist - Heimat, Gemeinschaft und Identität.

Dieses Thema der Versöhnung hat auch tiefgreifende Auswirkungen darauf, wie die Kirche ihren Auftrag versteht. Die Kirche als Leib Christi ist aufgerufen, sich an diesem Werk der Versöhnung zu beteiligen und eine Gemeinschaft zu sein, in der die Vertriebenen Heilung und Wiederherstellung finden können. Dabei geht es nicht nur darum, für die physischen Bedürfnisse zu sorgen, sondern auch die tieferen Wunden der Vertreibung zu behandeln - Wunden, die die Seele und den Geist betreffen. Die Kirche ist dazu berufen, ein Ort zu sein, an dem Flüchtlinge die Fülle der Erlösung durch Christus erfahren können, an dem sie nicht nur willkommen geheißen, sondern voll in den Leib Christi integriert werden, wobei ihre ganze Würde und Menschlichkeit wiederhergestellt wird.

Die eschatologische Hoffnung: Der Erlöser der Flüchtlinge und die neue Schöpfung

Das Herzstück des christlichen Glaubens ist die eschatologische Hoffnung - der Glaube, dass Gott am Ende alles neu machen und eine neue Schöpfung schaffen wird, in der Gerechtigkeit, Frieden und Rechtschaffenheit herrschen. Jesus Christus, der Erlöser der Flüchtlinge, ist das Herzstück dieser Hoffnung. Sein Leben und sein Wirken weisen auf eine Zukunft hin, in der es keine Bedingungen mehr gibt, die zu Vertreibung und Ausgrenzung führen, und in der alle Menschen ihre wahre Heimat in der Gegenwart Gottes finden.

Die Auferstehung Jesu ist die endgültige Bekräftigung dieser Hoffnung. Sie ist die Erklärung, dass Tod, Vertreibung und alle Formen der Gebrochenheit nicht das letzte Wort haben. Die Auferstehung ist der Beginn einer neuen Schöpfung, in der die Schranken, die die Menschheit trennen, niedergerissen werden und alle in der einen Familie Gottes versammelt sind. Für Flüchtlinge bietet die Auferstehung die Verheißung einer neuen Heimat - einer Heimat, die nicht durch den physischen Ort, sondern durch die Gegenwart Gottes definiert ist.

JESUS-CHRISTUS, DER FLÜCHTLING!

Diese eschatologische Vision fordert die Kirche heraus, in der Spannung zwischen dem „Schon" und dem „Noch nicht" des Reiches Gottes zu leben. Die Kirche ist dazu berufen, ein Vorgeschmack auf diese neue Schöpfung zu sein, eine Gemeinschaft, die die Hoffnung auf die Auferstehung im Hier und Jetzt verkörpert. Das bedeutet, sich für Gerechtigkeit und Frieden einzusetzen, sich mit den Vertriebenen zu solidarisieren und Räume zu schaffen, in denen die zukünftige Realität des Reiches Gottes sichtbar wird. Indem sie dies tut, wird die Kirche zu einem Zeichen des Sieges des Erlösers der Flüchtlinge über Sünde, Tod und alle Formen der Ausgrenzung.

Die Berufung der Kirche zur Nachahmung des Flüchtlingserlösers

Im Lichte der Identität Jesu Christi als Erlöser der Flüchtlinge ist die Kirche aufgerufen, ihn sowohl in ihrem individuellen als auch in ihrem kollektiven Leben nachzuahmen. Diese Nachahmung beinhaltet mehr als nur die Befolgung seiner Lehren; sie erfordert die Verkörperung seiner Lebensweise, insbesondere seine Identifikation mit den Ausgegrenzten und sein Engagement für Versöhnung und Wiederherstellung.

Die Kirche ist dazu berufen, eine Gemeinschaft zu sein, die die Erlösung, die Jesus vollbracht hat, auslebt. Das bedeutet, ein Ort der Zuflucht und Sicherheit für die Vertriebenen zu sein, eine Gemeinschaft der Heilung für die Verwundeten und eine prophetische Stimme für Gerechtigkeit und Frieden. Der Auftrag der Kirche besteht darin, das Werk des Erlösers der Flüchtlinge fortzusetzen und einer von Exil und Entfremdung geprägten Welt Hoffnung und Verwandlung zu bringen.

Darüber hinaus beinhaltet die Nachahmung Christi durch die Kirche die Bereitschaft, sich auf die Erfahrungen derjenigen einzulassen, die an den Rand gedrängt sind, so wie Jesus sich auf die Erfahrungen der Menschen eingelassen hat. Dies erfordert eine Haltung der Demut und des Dienens, in der Erkenntnis, dass die

133

Kirche im Dienst an den Vertriebenen Christus selbst dient. Die Kirche ist aufgerufen, die Wahrheit zu bezeugen, dass in Christus die Erfahrung der Flüchtlinge nicht eine der Verlassenheit ist, sondern eine der göttlichen Gegenwart und Erlösung.

Die transformative Kraft des Erlösers der Flüchtlinge

Zusammenfassend lässt sich sagen, dass Jesus Christus, der Erlöser der Flüchtlinge, das Wesen der Erlösung in einer Weise neu definiert, die die gesamte menschliche Erfahrung umfasst, einschließlich der Erfahrungen von Vertreibung und Ausgrenzung. Sein Leben, sein Tod und seine Auferstehung offenbaren, dass Gott den Vertriebenen ganz nahe ist und nicht nur Mitgefühl, sondern eine verwandelnde Erlösung anbietet. Diese Erlösung ist ganzheitlich, sie berührt jeden Aspekt der Erfahrung des Flüchtlings und bietet Hoffnung auf eine Zukunft, in der alle ihre wahre Heimat in Gott finden werden.

Die Kirche als Leib Christi ist aufgerufen, diese Erlösung in ihrer Mission und ihrem Dienst zu leben. Dazu gehört, dass sie ein Ort der Zuflucht, eine Gemeinschaft der Heilung und ein prophetisches Zeugnis des kommenden Reiches Gottes ist. Indem die Kirche ihrer Berufung zur Solidarität mit den Vertriebenen nachkommt, spiegelt sie nicht nur den Charakter des Erlösers der Flüchtlinge wider, sondern nimmt auch an seinem Erlösungswerk teil und bringt einer Welt in Not Hoffnung und Verwandlung.

Letztlich ist die Geschichte von Jesus als dem Erlöser der Flüchtlinge eine Geschichte der Hoffnung - einer Hoffnung, die in der Auferstehung und der Verheißung einer neuen Schöpfung verwurzelt ist. Es ist eine Hoffnung, die uns versichert, dass es, egal wie tief die Erfahrung von Vertreibung und Exil ist, einen Erlöser gibt, der diesen Weg vor uns gegangen ist und der uns zur endgültigen Heimkehr in die Gegenwart Gottes führt. Das ist die frohe Botschaft des Evangeliums, eine Botschaft der Hoffnung und Erlösung für alle, die vertrieben und ausgegrenzt sind und einen Ort der Zugehörigkeit suchen.

Epilog

Ein Aufruf zur Barmherzigkeit
Zum Abschluss dieser Erkundung von Jesus Christus als Flüchtling ist es wichtig, über die übergreifenden Themen Mitgefühl, Gerechtigkeit und die transformative Kraft der Empathie nachzudenken. Die Reise durch das Leben Jesu und die Geschichten moderner Flüchtlinge hat tiefe Verbindungen zwischen dem Glauben und der Notwendigkeit, Vertriebene zu unterstützen, aufgedeckt. Diese Reflexion ist nicht nur eine akademische Übung; sie ist ein Aufruf zum Handeln, der sowohl individuelle als auch kollektive Anstrengungen erfordert, um die anhaltende Flüchtlingskrise mit der Dringlichkeit und Menschlichkeit anzugehen, die sie verdient.

Die göttliche Gegenwart in den Randgebieten
Die Geschichte von Jesus als Flüchtling erinnert uns eindringlich daran, dass Gott im Leben der Schwachen und Ausgegrenzten ganz unmittelbar gegenwärtig ist. Die frühen Erfahrungen Jesu mit der Vertreibung - vor Gefahren zu fliehen, in einem fremden Land zu leben und auf die Freundlichkeit von Fremden angewiesen zu sein - sind keine fernen historischen Fakten, sondern lebendige Realität für Millionen von Menschen heute. Diese Erfahrungen fordern uns heraus, das göttliche Abbild in jedem Menschen zu sehen, besonders in denen, die entwurzelt wurden und Sicherheit suchen. Das Heilige in den Gesichtern der Flüchtlinge zu erkennen, zwingt uns, mit Mitgefühl zu reagieren und nicht nur materielle Hilfe anzubieten, sondern auch die emotionale und spirituelle Unterstützung, die den menschlichen Geist in Zeiten der Krise stärkt.

In einer Welt, die oft von Spaltung und Gleichgültigkeit geprägt ist, ruft uns das Beispiel Jesu dazu auf, Brücken des Verständnisses und der Solidarität zu bauen. Die Barrieren, die uns trennen - kulturell, sprachlich, national - sind künstliche Konstruktionen, die zerbröckeln, wenn wir mit offenem Herzen und Verstand aufeinander zugehen. Die Beschäftigung mit den Geschichten und Erfahrungen von Flüchtlingen ist mehr als ein intellektuelles Streben; sie ist eine Einladung, in das Leben anderer einzutreten, ihre Sorgen und Freuden zu teilen und durch die Begegnung verändert zu werden. Dieses Engagement erfordert von uns ein tiefes Zuhören, ein bescheidenes Lernen und ein mutiges Handeln, das unser Bewusstsein in sinnvolle Fürsprache und Unterstützung verwandelt.

Wenn wir Jesus Christus als den Proto-Flüchtling betrachten, sehen wir uns nicht nur mit der Realität der Vertreibung konfrontiert, sondern stehen auch vor einem tiefen theologischen Geheimnis: dass der Gott, der das Universum geschaffen hat, sich entschlossen hat, am Rande zu wohnen und die Not der Flüchtlinge als seine eigene anzunehmen. Diese Neudefinition der göttlichen Gegenwart - zerbrochen und verstreut in der menschlichen Erfahrung des Exils - ruft uns dazu auf, uns das Heilige nicht in Tempeln oder Thronen vorzustellen, sondern in den Verlassenen, den Wanderern und den Obdachlosen. Hier, in dieser paradoxen Verschmelzung von Verlassenheit und göttlicher Solidarität, pulsiert das Herz des Evangeliums am stärksten. Die Kirche, die beauftragt ist, diesen radikalen Christus zu verkörpern, muss daher mehr tun, als nur Unterkunft zu bieten - sie muss die Barrieren abbauen, die die Ausgrenzung aufrechterhalten, und dabei jeden Akt der Zuflucht in eine heilige Begegnung verwandeln, in der die Vertriebenen nicht mehr nur aufgenommen, sondern als Träger des Bildes Christi anerkannt werden. Das ist die eigentliche Aufgabe: mit den Vertriebenen zu gehen, nicht als Akt der Nächstenliebe, sondern als eine Pilgerreise in das Geheimnis der menschgewordenen Liebe Gottes selbst.

JESUS-CHRISTUS, DER FLÜCHTLING!

Barmherzigkeit als Gerechtigkeit in Aktion

Barmherzigkeit ist in der christlichen Tradition nicht nur ein Gefühl, sondern eine radikale Verpflichtung zu Gerechtigkeit und Handeln. Barmherzigkeit bedeutet, sich mit den Flüchtlingen in ihrem Kampf zu solidarisieren, für ihre Rechte einzutreten und daran zu arbeiten, Bedingungen zu schaffen, unter denen sie nicht nur überleben, sondern sich entfalten können. Dieses Engagement beruht auf der Anerkennung unserer gemeinsamen Menschlichkeit und der Überzeugung, dass jeder Mensch, unabhängig von seinen Lebensumständen, ein Leben in Würde und Hoffnung verdient.

Die Lehren Jesu bieten einen klaren Fahrplan für dieses barmherzige Handeln. Sein Aufruf „Liebe deinen Nächsten wie dich selbst" geht über die Grenzen von Nationalität, Religion oder Status hinaus. Er fordert uns auf, über unsere Komfortzone hinauszugehen und uns direkt auf die Bedürfnisse der Vertriebenen einzulassen. Diese Liebe ist nicht abstrakt; sie ist praktisch und transformativ und manifestiert sich in Taten der Freundlichkeit, des Eintretens und der Gerechtigkeit. Sie zwingt uns, den Flüchtling nicht als „anders" zu sehen, sondern als unseren Nächsten, der die gleiche Fürsorge und Sorge verdient, die wir uns für uns selbst wünschen würden.

❧

DIE MACHT DES KOLLEKTIVEN Handelns

Als Einzelpersonen und Gemeinschaften haben wir die Möglichkeit, das Leben von Flüchtlingen entscheidend zu verbessern. Ob wir unsere Zeit ehrenamtlich zur Verfügung stellen, Ressourcen spenden, uns für eine gerechtere Politik einsetzen oder einfach nur einem Flüchtling ein Freund sind - unser Handeln trägt zu einer gerechteren und mitfühlenderen Welt bei. Jeder Schritt, den wir zur Unterstützung von Flüchtlingen tun, ist ein Schritt in Richtung Heilung, Wiederherstellung und Hoffnung - nicht nur für diejenigen, denen wir helfen, sondern auch für uns selbst und unsere Gemeinschaften.

Die Unterstützung von Flüchtlingen ist kein einmaliger Akt, sondern eine dauerhafte Verpflichtung. Die Herausforderungen, mit denen Flüchtlinge konfrontiert sind, enden nicht, wenn sie einen Ort der vorübergehenden Sicherheit gefunden haben; in vielerlei Hinsicht ist das erst der Anfang. Der lange und schwierige Weg zum Wiederaufbau eines Lebens, zur Integration in eine neue Gesellschaft und zur Überwindung des Traumas der Vertreibung erfordert kontinuierliche Unterstützung. Hier können Glaubens- und Gewissensgemeinschaften eine entscheidende Rolle spielen, indem sie den Flüchtlingen die langfristige Hilfe und Solidarität bieten, die sie für den Wiederaufbau ihres Lebens benötigen.

Spirituelle Praktiken und der Aufruf zum Gebet

Der Aufruf zur Barmherzigkeit reicht auch tief in unser spirituelles Leben hinein. Für Flüchtlinge zu beten, ihre Geschichten in unsere Gottesdienste einzubeziehen und Gottes Führung in unseren Bemühungen um Fürsprache zu suchen, sind wichtige Bestandteile unserer Reaktion. Diese spirituellen Praktiken verankern uns in unserem Glauben und erinnern uns daran, dass wir nicht allein handeln. Die göttliche Gegenwart begleitet und stützt alle Vertriebenen und gibt ihnen inmitten der Not Hoffnung und Kraft.

Wenn wir die Not der Flüchtlinge in unsere spirituelle Praxis einbeziehen, schärft das nicht nur unser Bewusstsein, sondern verbindet uns auch mit der Weltkirche und der globalen Gemeinschaft im weiteren Sinne. Wenn wir für Flüchtlinge beten, schließen wir uns einem Chor von Stimmen aus aller Welt an, die die Leidenden erheben und Gerechtigkeit und Frieden fordern. Diese Gebete sind mächtig, nicht weil sie Gottes Meinung ändern, sondern weil sie unsere Herzen verändern, unseren Willen mit Gottes Willen in Einklang bringen und unsere Entschlossenheit stärken, in der Welt zu handeln.

Die Reise geht weiter: Vom Bewusstsein zum Handeln

JESUS-CHRISTUS, DER FLÜCHTLING!

Wenn wir über die Themen dieses Buches nachdenken, werden wir daran erinnert, dass die Reise zur Unterstützung von Flüchtlingen nicht abgeschlossen ist. Sie erfordert anhaltendes Engagement, Kreativität und Widerstandsfähigkeit. Die Probleme sind komplex, und der Weg nach vorn ist nicht immer klar, aber der Aufruf ist unmissverständlich: Wir sind zum Handeln aufgerufen. Die aus dieser Untersuchung gewonnenen Erkenntnisse und Einsichten sind kein Endpunkt, sondern ein Anfang, der uns inspiriert, eine mitfühlendere und integrativere Welt zu schaffen.

Gemeinsam können wir eine Zukunft schaffen, in der alle Menschen, unabhängig von ihren Lebensumständen, Sicherheit, Würde und Hoffnung finden können. Indem wir den Aufruf zur Barmherzigkeit annehmen, ehren wir das Vermächtnis von Jesus Christus, dem Flüchtling, und arbeiten auf eine Welt hin, in der jeder Mensch gesehen, geschätzt und unterstützt wird. Dies ist das Werk des Reiches Gottes, ein Werk, zu dem wir alle berufen sind, uns daran zu beteiligen, jeder auf seine Weise, je nach unseren Gaben und Möglichkeiten.

Schlussfolgerung: Ein Aufruf zu fortlaufender Reflexion und Engagement

Lassen Sie uns die Lehren und Einsichten, die wir aus dieser Untersuchung gewonnen haben, mitnehmen und uns dazu inspirieren, eine barmherzigere und integrativere Welt zu schaffen, während wir weitergehen. Erinnern wir uns daran, dass jeder Akt der Fürsprache, jede Geste der Unterstützung und jedes Gebet für Gerechtigkeit einen Unterschied macht. Die Unterstützung von Flüchtlingen ist nicht das Werk einiger weniger, sondern die Verantwortung aller, die Christus nachfolgen. Es ist eine Reise, die wir mit Demut, Beharrlichkeit und Hoffnung antreten müssen.

Letztendlich ist unsere Reaktion auf die Flüchtlingskrise ein Spiegelbild unseres Verständnisses des Evangeliums selbst. Die Geschichte von Jesus als Flüchtling fordert uns heraus, über unsere eigene Bequemlichkeit und Sicherheit hinauszublicken und den Ruf anzunehmen, denen zu dienen, die am meisten Hilfe brauchen. Es ist ein Aufruf, die Liebe zu leben, zu der wir uns bekennen, die Hände und Füße Christi zu sein in einer Welt, die seine heilende Berührung dringend braucht. Gemeinsam können wir diesem Ruf folgen und eine Zukunft aufbauen, in der jeder Mensch, unabhängig von seinen Lebensumständen, in Würde, Hoffnung und Frieden leben kann.

Danksagung

Dieses Buch war eine Reise der Erkundung, des Nachdenkens und der Entdeckung - eine Reise, die die alten Pfade des Glaubens, die erschütternden Realitäten der Vertreibung und die tiefgreifenden Verbindungen zwischen ihnen durchquert hat. Es ist eine Reise, die ohne die Unterstützung, die Weisheit und die Beiträge vieler Einzelpersonen und Organisationen nicht möglich gewesen wäre. Am Ende dieser Reise fühle ich mich von tiefer Dankbarkeit für all diejenigen erfüllt, die mich begleitet haben und mir Führung, Ermutigung und Inspiration geboten haben.

Der Herzschlag der Unterstützung: Familie und Freunde

Zuallererst möchte ich meiner Familie und meinen Freunden meinen tief empfundenen Dank aussprechen. Ihre unerschütterliche Unterstützung und Ermutigung waren das Fundament, auf dem dieses Buch aufgebaut wurde. Ihr wart in jedem Moment des Zweifels, bei jeder Herausforderung und bei jedem Durchbruch für mich da und habt mir Liebe und Glauben entgegengebracht, die nie nachgelassen haben. Euer Glaube an dieses Projekt war eine ständige Quelle der Kraft, die mich dazu gebracht hat, weiterzumachen, auch wenn der Weg unsicher schien. An meine engsten Vertrauten, die sich unzählige Entwürfe und Ideen angehört haben, die mir Feedback und Einblicke gaben, die Meilensteine feierten und mich bei Rückschlägen trösteten - dieses Buch gehört Ihnen ebenso wie mir.

Gelehrte und Theologen: Den Weg erhellen

Ich bin den Wissenschaftlern, Theologen und Befürwortern zu großem Dank verpflichtet, deren Arbeit diese Untersuchung zutiefst geprägt und bereichert hat. Ihre Einsichten und Perspektiven waren von unschätzbarem Wert und haben die Themen und Argumente in diesem Buch geprägt. Den Theologen, die sich in die Geheimnisse des Glaubens vertieft haben, und den Wissenschaftlern, die die historischen und sozialen Zusammenhänge der Vertreibung gründlich untersucht haben, haben Ihre Beiträge den Weg erhellt und es mir ermöglicht, die Stränge der alten Weisheit und der heutigen Realität miteinander zu verweben. Ihr Engagement für Wahrheit und Gerechtigkeit hat diese Arbeit nicht nur geprägt, sondern auch inspiriert und mich dazu gebracht, tiefer gehende Fragen zu stellen und nach sinnvolleren Antworten zu suchen.

Flüchtlinge und vertriebene Personen: Das Herzstück des Buches
Ein besonderer Dank gilt den Flüchtlingen und Vertriebenen, die ihre Geschichten und Erfahrungen mit uns geteilt haben. Ihre Unverwüstlichkeit, ihr Mut und ihre Hoffnung sind das wahre Herz dieses Buches. Durch Ihre Stimmen wird das Abstrakte greifbar, das Ferne wird nah und das Übersehene wird zentral. Ich hoffe zutiefst, dass Ihre Geschichten bei den Lesern Widerhall finden und sie dazu inspirieren, sich auf den Weg des Mitgefühls und der Gerechtigkeit zu begeben. Ihre Erfahrungen haben mich mehr gelehrt als jeder Text oder jede Theorie es könnte, denn sie haben mir die Stärke des menschlichen Geistes angesichts unvorstellbarer Herausforderungen gezeigt. Sie haben gezeigt, dass Hoffnung auch unter den schwierigsten Umständen überleben kann, dass Würde selbst im Angesicht von Widrigkeiten bewahrt werden kann und dass die Kraft menschlicher Beziehungen Grenzen und Barrieren überwinden kann.

Organisationen und Gemeinschaften: Die Säulen der Unterstützung
Ich möchte auch den Organisationen und Gemeinschaften meine Anerkennung aussprechen, die unermüdlich daran arbeiten, Flüchtlinge in der ganzen Welt zu unterstützen. Ihr Engagement und ihr Mitgefühl verändern das Leben der Menschen, denen sie helfen, grundlegend. Von den Freiwilligen, die an vorderster Front Soforthilfe

leisten, über die Anwälte, die sich hinter den Kulissen für eine Änderung der Politik einsetzen, bis hin zu den Glaubensgemeinschaften, die ihre Türen öffnen, um Flüchtlingen Zuflucht und Unterstützung zu bieten - jeder von Ihnen spielt eine entscheidende Rolle bei den weltweiten Bemühungen um den Schutz und die Unterstützung von Vertriebenen. Ihre Arbeit ist oft herausfordernd, manchmal herzzerreißend, und dennoch setzen Sie sich mit unerschütterlichem Engagement für Gerechtigkeit und Menschlichkeit ein. Sie verkörpern die Grundsätze des Mitgefühls und des Handelns, die dieses Buch hervorheben möchte, und dafür gebührt Ihnen meine tiefste Bewunderung und mein Dank.

Die Rolle der Mitarbeiter: Redakteure, Verleger und Kollegen

Bei der Entstehung dieses Buches hatte ich das Glück, mit einem unglaublichen Team von Redakteuren, Verlegern und Kollegen zusammenzuarbeiten. Ihr Fachwissen, ihre Geduld und ihr scharfes Auge für Details waren von unschätzbarem Wert. Meinen Redakteuren, die jedes Kapitel akribisch durchkämmt und Vorschläge und Korrekturen gemacht haben, die die Klarheit und Wirkung dieses Werks erheblich verbessert haben - vielen Dank für Ihren Fleiß und Ihr Engagement. Meinen Verlegern, die an dieses Projekt geglaubt und ihm eine Plattform geboten haben, um ein breiteres Publikum zu erreichen - Ihre Unterstützung hat entscheidend dazu beigetragen, dass diese wichtigen Themen in den Vordergrund gerückt werden konnten. Und an meine Kolleginnen und Kollegen, die mir Feedback gaben, Ressourcen zur Verfügung stellten und sich an anregenden Diskussionen beteiligten, die den Inhalt und den Umfang dieses Buches bereicherten - Ihre Zusammenarbeit war ein Geschenk.

Leserinnen und Leser: Das letzte Glied in der Kette

Schließlich möchte ich Ihnen, den Lesern, meinen Dank aussprechen. Ihr Engagement für dieses Buch ist ein Beweis dafür, dass Sie sich für das Verständnis und die Unterstützung von Flüchtlingen einsetzen. In einer Welt, in der es allzu leicht ist, sich von schwierigen

Themen abzuwenden, ist Ihre Bereitschaft, sich in diese Seiten zu vertiefen, sich mit den Realitäten der Vertreibung auseinanderzusetzen und den Aufruf zum Handeln zu bedenken, sowohl lobenswert als auch hoffnungsvoll. Ich hoffe aufrichtig, dass diese Erkundung Ihnen nicht nur Einblicke, sondern auch Inspiration gegeben hat. Mögen die Geschichten und Überlegungen auf diesen Seiten Sie dazu bewegen, aktiv zu werden, sich für Gerechtigkeit einzusetzen und eine mitfühlendere und integrativere Welt aufzubauen.

Ein Blick nach vorn: Eine kollektive Reise

Am Ende dieses Buches werde ich daran erinnert, dass dies zwar der Abschluss einer schriftlichen Reise sein mag, aber nur der Anfang einer viel größeren und fortlaufenden kollektiven Reise ist. Die Arbeit zur Unterstützung von Flüchtlingen, zum Eintreten für ihre Rechte und zum Aufbau von Gemeinschaften des Mitgefühls und der Gerechtigkeit ist ein kontinuierlicher Prozess. Wir alle müssen wachsam, kreativ und engagiert bleiben, um etwas zu bewirken.

Gemeinsam haben wir die Macht, eine Zukunft zu schaffen, in der alle Menschen, unabhängig von ihren Lebensumständen, Sicherheit, Würde und Hoffnung finden können. Indem wir den Aufruf zur Barmherzigkeit annehmen, ehren wir das Vermächtnis Jesu Christi, des Flüchtlings, und arbeiten auf eine Welt hin, in der jeder Mensch gesehen, geschätzt und unterstützt wird. Die Reise ist hier nicht zu Ende; sie geht weiter mit jedem Schritt, den wir tun, mit jeder Aktion, zu der wir uns verpflichten, und mit jedem Menschen, den wir aufrichten.

Ich danke Ihnen, dass Sie sich mir auf dieser Reise anschließen. Lassen Sie uns gemeinsam voranschreiten, mit Herzen voller Mitgefühl und Händen, die bereit sind zu dienen.

Ressourcen für weitere Aktionen

Für diejenigen, die sich inspiriert fühlen, Maßnahmen zur Unterstützung von Flüchtlingen zu ergreifen, sind hier einige Ressourcen und Organisationen aufgeführt, die Möglichkeiten für Engagement, Fürsprache und Unterstützung bieten:

1. Hochkommissariat der Vereinten Nationen für Flüchtlinge (UNHCR)

- Website: www.unhcr.org
- Beschreibung: Bietet Schutz, Hilfe und Fürsprache für Flüchtlinge weltweit.

2. Internationales Rettungskomitee (IRC)

- Website: www.rescue.org
- Beschreibung: Bietet humanitäre Hilfe, Unterstützung bei der Neuansiedlung und setzt sich für Flüchtlinge und Vertriebene ein.

3. Flüchtlinge International (Refugees International)

- Website: www.refugeesinternational.org
- Beschreibung: Setzt sich für lebensrettende Hilfe und Schutz für vertriebene Menschen ein.

4. Kirchlicher Weltdienst (CWS)

- Website: www.cwsglobal.org
- Beschreibung: Bietet Dienstleistungen für die Neuansiedlung von Flüchtlingen, Interessenvertretung und Unterstützung der Gemeinschaft.

5. Jesuiten-Flüchtlingsdienst (JRS)

- Website: www.jrs.net

- Beschreibung: Bietet Flüchtlingen und Vertriebenen Bildung, Fürsprache und Soforthilfe.

6. Amnesty International

- Website: www.amnesty.org
- Beschreibung: Setzt sich für die Menschenrechte ein, einschließlich der Rechte von Flüchtlingen und Asylbewerbern.

7. World Relief

- Website: www.worldrelief.org
- Beschreibung: Bietet Neuansiedlung von Flüchtlingen, Interessenvertretung und Unterstützung der Gemeinschaft.

8. Nationales Einwanderungsforum

- Website: www.immigrationforum.org
- Beschreibung: Setzt sich für den Wert von Einwanderern und Einwanderung für die Nation ein.

9. HIAS (Hebrew Immigrant Aid Society)

- Website: www.hias.org
- Beschreibung: Bietet Dienstleistungen für Flüchtlinge und Asylbewerber an und setzt sich für deren Rechte und Würde ein.

10. American Refugee Committee (ARC)

- Website: www.arcrelief.org
- Beschreibung: Bietet humanitäre Hilfe und Unterstützung bei der Neuansiedlung von Flüchtlingen auf der ganzen Welt.

Indem wir mit diesen Organisationen zusammenarbeiten, ihre Arbeit unterstützen und uns für die Rechte der Flüchtlinge einsetzen, können wir zu einer gerechteren und mitfühlenderen Welt beitragen. Gemeinsam können wir das Leben von Flüchtlingen verändern, das Vermächtnis von Jesus Christus, dem Flüchtling, ehren und eine Zukunft aufbauen, in der alle Menschen Sicherheit, Würde und Hoffnung finden können.

Don't miss out!

Visit the website below and you can sign up to receive emails whenever Marien-Edgard Ngbali BEMI publishes a new book. There's no charge and no obligation.

https://books2read.com/r/B-A-AYAEB-IYOBF

BOOKS 2 READ

Connecting independent readers to independent writers.

Did you love *Jesus-Christus, der Flüchtling!*? Then you should read *Échos de l'Est de la République Démocratique du Congo : Poèmes d'une Terre en Guerre Perpétuelle.*[1] by Marien-Edgard Ngbali BEMI!

Découvrez un voyage poétique saisissant à travers les échos déchirants de l'Est de la République Démocratique du Congo avec le recueil "Échos de l'Est de la République Démocratique du Congo : Poèmes d'une Terre en Guerre Perpétuelle". À travers 13 chapitres captivants, plongez dans les profondeurs de cette région marquée par un conflit perpétuel.

Les poèmes résonnent comme des témoignages poignants de la douleur du conflit, exposant les cicatrices invisibles laissées par des décennies de violence. Explorez la résilience des âmes, la nature blessée,

1. https://books2read.com/u/4Aa0JA

2. https://books2read.com/u/4Aa0JA

et l'espoir fragile, chaque chapitre dévoilant une facette émotionnelle de cette terre meurtrie.

"Échos de l'Est de la République Démocratique du Congo" transcende les frontières de la poésie traditionnelle, plongeant dans des thèmes sociaux et politiques complexes. Du récit déchirant des enfants aux répercussions de la violence sexuelle comme arme de guerre, chaque poème est une nuance dans la palette émotionnelle de cette réalité complexe.

La quête de la paix et la lumière dans l'obscurité offrent une lueur d'espoir, tandis que le paradoxe de la RDC clôt ce voyage avec une réflexion sur les contradictions de cette terre riche en ressources, mais appauvrie par la guerre.

Chaque page de ce recueil est tissée avec soin, chaque poème une symphonie d'émotions. En refermant le livre, les échos de ces poèmes persistent, invitant les lecteurs à ressentir, comprendre et agir. "Échos de l'Est de la République Démocratique du Congo" est bien plus qu'un recueil de poèmes ; c'est un appel à la compassion, à la justice, et à la construction d'un avenir où la poésie raconte une histoire de résilience et de reconstruction. Plongez dans cette expérience littéraire inoubliable.

Also by Marien-Edgard Ngbali BEMI

Échos de l'Est de la République Démocratique du Congo : Poèmes d'une Terre en Guerre Perpétuelle.

Ecos do Leste da República Democrática do Congo: Poemas de uma Terra de Guerra Perpétua.

Echi dall'est della Repubblica Democratica del Congo: poesie da una terra di guerra perpetua.

Demokratik Kongo Cumhuriyeti'nin Doğusundan Yankılar: Sürekli Savaş Ülkesinden Şiirler.

Jesus-Christ, the Refugee!

Jésus-Christ, le réfugié!

Gesù-Cristo, il rifugiato!

¡Jesucristo, el Refugiado!

Jesus Cristo, o Refugiado!

İsa-Mesih, Mülteci!

Jesus-Christus, der Flüchtling!

About the Author

Marien-Edgard Ngbali BEMI ist Französischlehrer und Koordinator für Wissenstheorie an der British International School Istanbul in der Türkei. Er hat verschiedene Schulfächer in verschiedenen Ländern unterrichtet: D.R. Kongo, Vereinigtes Königreich und Türkei. Er hat in der Demokratischen Republik Kongo, in Italien und im Vereinigten Königreich studiert. Er ist polyglott und spricht mehrere Sprachen. Er hat mehrere Universitätsabschlüsse, darunter einen Abschluss in Theologie und einen Doppelmaster in Philosophie und Pädagogik. Er ist außerdem Autor mehrerer Artikel und Bücher.

Milton Keynes UK
Ingram Content Group UK Ltd.
UKHW041822201024
449814UK00001B/76

9 798227 768247